アメリカ菓子とミステリ

本のなかの味を楽しむ**30**のとっておきレシピ

原 亜樹子

American Desserts for Cozy Mystery Lovers
30 Mouthwatering Recipes Inspired by the Books
by Akiko Hara

原書房

Introduction
はじめに

　ミステリとひとくちに言っても、ジャンルはさまざま。

　本書で取り上げたのは、アメリカのいわゆる「コージー」ミステリです。

　その対極にあるのは、レイモンド・チャンドラー著の〈フィリップ・マーロウ〉シリーズに代表される「ハードボイルド」。"hard boiled＝情にほだされない"という言葉通り、冷静沈着で感情に流されないタフな主人公が描かれるミステリです。

　一方でコージーは、"cozy＝くつろげる"の言葉通りに暴力的な描写はほとんどなく、多くの場合はプロではない素人探偵が活躍します。

　ひとりで、または猫や犬、あるいは家族と暮らす主人公の日常生活が丁寧に描かれていて、お菓子やコーヒー、ときにはお酒を楽しむシーンが頻繁に登場します。

　たいていの事件は日常生活の周辺で起こり、巻き込まれた主人公が自主捜査を進めます。スッキリと解決することが多いので読後感がよく、寝る前に読めば気持ちよく眠りにつけるようなものがほとんどです。

日本で、「アメリカのコージーミステリ＝お菓子とコーヒー」という印象を決定づけたのは、ダイアン・デヴィッドソン著の〈クッキング・ママ〉シリーズとジョアン・フルーク著の〈お菓子探偵〉シリーズでしょう。

　どちらも食を生業とする素人探偵が活躍し、随所に魅惑的なレシピが掲載されています。その後もレシピ付きのコージーミステリが続々と誕生していますが、実は人気作品の多くにレシピは掲載されていません。
　そこで本書では、コージーミステリにつきもののアメリカの伝統的な菓子を取り上げ、それらがアメリカの文化のなかでどういった存在なのかを、登場する作品の印象的なシーンと共に紹介し、さらに、オリジナルレシピも載せました。
　本書のレシピは基本的に、アメリカの伝統的なスタイルを踏襲しています。コージーミステリに登場する菓子はたいていの場合、そういった伝統のスタイルそのまま、もしくはそれにオリジナリティを加えて作られたものです。

選書について、選んだ基準はまずはアメリカのコージーミステリの範疇に
おさまる作品であること（ジャンルの境界については、いろいろご意見はあろうかと思いますが）。
　コージーに限らなければ、ロバート・B・パーカー著の〈スペンサー〉シリー
ズや、グルメすぎるとはいえレックス・スタウト著の〈ネロ・ウルフ〉シリー
ズなどは、おいしそうな食べ物が頻繁に登場する作品として知られるところ
ですが、今回ははずしました。

　それから現在の版元各位から掲載許可をいただけたもの。
　そして、なんといっても、作中の菓子が魅力的なこと。
　菓子に関しては、アメリカで広く愛されている伝統的なものを取り上げま
した。この作品にしか登場しないとか、アメリカではあまり一般的ではない
といった菓子は、またの機会にしたいと思います。

コージーミステリは、時代を如実に反映しているのもおもしろいところです。特に女性を主人公にしたものが分かりやすく、たとえばレスリー・メイヤー著の〈ルーシー・ストーン〉シリーズでは、主人公とその家族は保守的で、妻であり母であるルーシーは家庭を居心地よく整え、どんなときでもおいしいごはんを用意しないと、夫にチクチク言われる場面が特に最初の方で目に付きます。

　今読むと、モヤモヤする部分は当然あるのですが、その時代のその土地の日常をのぞき見ているような、ちょっとした歴史書というと大げさですが、時代背景が垣間見えるところも、古いコージーミステリをあえて今読むおもしろさだったりします。

　これに対して今人気を博しているのが、ジャナ・デリオン著の〈ワニ町〉シリーズ。女性が当たり前のように自立していて、歳を重ねてもなお元気に楽しく暮らしています。今のリアル、または理想像のひとつでしょうか。

　とはいえ、これは今現在の価値観。これがあと10年もすると、また古い価値観になったりするのでしょう。

　こうしたおもしろさも味わいながら、本書を楽しんでいただければ、と思います。

原 亜樹子

目次 Contents

はじめに Introduction……2

1 事件発生！ The event has happened!

ケーキ **ホリデーシーズンのフルーツケーキ**……14
フルーツケーキはここで登場！……18
〈シャンディ教授〉シリーズ1　にぎやかな眠り
〈シャム猫ココ〉シリーズ　猫はスイッチを入れる

クッキー **ホリデーシーズンのジンジャーブレッド**……20
ジンジャーブレッドはここで登場！……24
〈ルーシー・ストーン〉シリーズ6　史上最悪のクリスマスクッキー交換会
〈シャンディ教授〉シリーズ2　蹄鉄ころんだ

パイ **感謝祭のパンプキンパイ**……26
パンプキンパイはここで登場！……32
〈家事アドバイザーの事件簿〉シリーズ1　感謝祭は邪魔だらけ
〈ルーシー・ストーン〉シリーズ7　感謝祭の勇敢な七面鳥

クッキー **クリスマスクッキー交換パーティのクッキー**……34
サムプリントクッキー
ラムボール
クリスマスクッキー交換会はここで登場！……38
〈ルーシー・ストーン〉シリーズ6　史上最悪のクリスマスクッキー交換会
〈主婦探偵ジェーン〉シリーズ10　カオスの商人

プディング **日曜日のバナナプディング**……40
日曜日のバナナプディングはここで登場！……44
〈ワニ町〉シリーズ1　ワニの町へ来たスパイ

揚げ菓子 **ファンネルケーキ**……46
ファンネルケーキはここで登場！……50
〈ワニ町〉シリーズ6　幸運には逆らうな

2 | 捜査開始！ Investigate the mystery!

クイックブレッド ブルーベリーマフィン……56
ブルーベリーマフィンはここで登場！……60
〈黒後家蜘蛛の会〉シリーズ　黒後家蜘蛛の会5　秘伝

クイックブレッド ポップオーバー……62
ポップオーバーはここで登場！……66
〈セーラ・ケリング〉シリーズ12　浮かんだ男
〈ルーシー・ストーン〉シリーズ5　バレンタインは雪あそび

クイックブレッド サワークリームコーヒーケーキ……68
コーヒーケーキはここで登場！……72
〈シャンディ教授〉シリーズ1　にぎやかな眠り
〈ルーシー・ストーン〉シリーズ5　バレンタインは雪あそび

果物のデザート ストロベリーショートケーキ……74
ストロベリーショートケーキはここで登場！……78
〈お菓子探偵〉シリーズ20　バナナクリーム・パイが覚えていた

クッキー 牛ふんクッキー……80
牛ふんクッキーはここで登場！……84
〈シャンディ教授〉シリーズ1　にぎやかな眠り

ムース チョコレートムース……86
チョコレートムースはここで登場！……90
〈ルーシー・ストーン〉シリーズ1　メールオーダーはできません
〈シャム猫ココ〉シリーズ　猫はシェイクスピアを知っている

3 探偵たちの日常 Daily lives of amateur detectives

クイックブレッド ビスケット・アンド・グレイヴィー……98
オートミールスコーン……102

ビスケット・アンド・グレイヴィーはここで登場！……106
〈ワニ町〉シリーズ1　ワニの町へ来たスパイ

オートミールスコーンはここで登場！……107
〈お茶と探偵〉シリーズ14　スイート・ティーは花嫁の復讐

クッキー チョコレートチップクッキー……108
チョコレートチップクッキーはここで登場！……112
〈家事アドバイザーの事件簿〉シリーズ1　感謝祭は邪魔だらけ
〈大統領の料理人〉シリーズ1　厨房のちいさな名探偵

ケーキ バニラパウンドケーキ……114
パウンドケーキはここで登場！……118
〈ワニ町〉シリーズ1　ワニの町へ来たスパイ
〈ルーシー・ストーン〉シリーズ2　トウシューズはピンクだけ

ケーキ ココナッツレイヤーケーキ……120
ココナッツレイヤーケーキはここで登場！……124
〈お菓子探偵〉シリーズ23　ココナッツ・レイヤー・ケーキはまどろむ
〈シャム猫ココ〉シリーズ　猫はスイッチを入れる

バー とろりと濃厚なブラウニー……126
ブラウニーはここで登場！……130
〈ワニ町〉シリーズ2　ミスコン女王が殺された
〈シャム猫ココ〉シリーズ　猫はスイッチを入れる

4 犯人は誰？ Who did it?

揚げ菓子 **アップルサイダードーナッツ**……**136**

ドーナッツはここで登場！……**140**

〈ドーナツ事件簿〉シリーズ5　誘拐されたドーナツレシピ
〈シャンディ教授〉シリーズ2　蹄鉄ころんだ

パイ **バナナクリームパイ**……**142**

レモンメレンゲパイ……**146**

バナナクリームパイはここで登場！……**150**

〈お菓子探偵〉シリーズ20　バナナクリーム・パイが覚えていた

レモンメレンゲパイはここで登場！……**151**

スイート・ホーム殺人事件

チーズケーキ **チョコレートチーズケーキ**……**152**

チーズケーキはここで登場！……**156**

〈コクと深みの名推理〉シリーズ12　聖夜の罪はカラメル・ラテ
〈ルーシー・ストーン〉シリーズ5　バレンタインは雪あそび

果物のデザート **ピーチコブラー**……**158**

コブラーはここで登場！……**162**

〈ワニ町〉シリーズ2　ミスコン女王が殺された
〈大統領の料理人〉シリーズ4　絶品チキンを封印せよ

5 | 事件解決！ The mystery has been solved!

ドリンク ルートビアフロート……168
ルートビアフロートはここで登場！……170
〈ワニ町〉シリーズ1　ワニの町へ来たスパイ
〈コクと深みの名推理〉シリーズ12　聖夜の罪はカラメル・ラテ

ドリンク ホットアップルサイダー……172
ホットアップルサイダーはここで登場！……176
〈ルーシー・ストーン〉シリーズ7　感謝祭の勇敢な七面鳥
〈主婦探偵ジェーン〉シリーズ10　カオスの商人

ドリンク エッグノッグ……178
エッグノッグはここで登場！……182
〈コクと深みの名推理〉シリーズ12　聖夜の罪はカラメル・ラテ
〈ルーシー・ストーン〉シリーズ6　史上最悪のクリスマスクッキー交換会

ドリンク スイートティー……184
スイートティーはここで登場！……188
〈お茶と探偵〉シリーズ14　スイート・ティーは花嫁の復讐
〈ワニ町〉シリーズ6　幸運には逆らうな

ドリンク シェリー酒……190
シェリー酒はここで登場！……192
〈シャンディ教授〉シリーズ1　にぎやかな眠り
〈海の上のカムデン〉騒動記シリーズ6　メリー殺しマス

ドリンク コーヒー……194
コーヒーはここで登場！……196
〈コクと深みの名推理〉シリーズ12　聖夜の罪はカラメル・ラテ

パイ生地……30

Coffee Columns
1 アメリカ菓子とコーヒー……45
2 エスプレッソ・ロマーノ……51
3 コーヒーの温め直し方……61
4 コーヒーと朝のお楽しみ……79
5 お気に入りのマグカップ……85
6 コーヒー文化の立役者……197

Columns
1 結婚式の菓子、葬式の菓子……52
2 粉類まで計量カップで量る！ 汎用粉って何?……92
3 「手作り」のハードルを下げる、お助けアイテム……132
4 ユニークな発想で市販品を上手に活用!……164

アメリカ菓子とドリンクのレシピ カテゴリー別INDEX……200

本書に登場するミステリー一覧……202

おわりに Acknowledgments……206

本書の決まり

● 液体も容量（mlなど）ではなく、重さ（g）で表示しています。

● 大さじ1＝15ml、小さじ1＝5mlです。

● 材料は、決まった温度帯で使用するものは、「冷たいもの」「室温」「人肌に温める」などを記載しています。記載のないものは、材料を保管している通常の温度で構いません。

● 冷たいものの温度の目安は約5℃です。

● 室温の目安は約25℃です。

● 人肌の温度の目安は約35℃です。

● バターは、食塩不使用の記載がないものは、食塩不使用、有塩のどちらを使用しても構いません。

● 卵のサイズ（S、M、L）は、レシピによって異なります。レシピに記してあるサイズを使ってください。

● オーブンはあらかじめ設定温度に温めておきます。焼き時間は、熱源や機種などによって多少差があります。表示時間を目安に、様子を見ながら加減してください。

1

事件発生!

The event has happened!

人の集まるところに事件あり。
クリスマスや感謝祭のホリデーシーズン、
はたまたお楽しみの屋外イベントで
事件が起こるのはお約束。
そんな行事や賑やかな場所につきものの
伝統的なアメリカ菓子をご紹介。

温もりか、あるいは嘲笑か

Festive Holiday Fruitcake
ホリデーシーズンの フルーツケーキ

**感謝祭から年始にかけての風物詩も、今は昔……。
かつての輝かしい栄光を取り戻せ！**

　ドライ、または砂糖漬けのフルーツがぎっしり入るフルーツケーキは、かつてホリデーシーズンの温もりを象徴するような食べ物でした。

　1900年代初め、贈り物としてカタログに載るようになると、「日持ちのするクリスマスギフト」というイメージが定着します。

　そこへもってきて1970年代の終わり、深夜のトーク番組で絶大な人気を誇った司会者でコメディアンのジョニー・カーソンが、「フルーツケーキを贈られても誰も食べない。しかも次のクリスマスまで取っておいて誰かに贈ることを繰り返すので、古くてガチガチだ」というジョークを放ったことでフルーツケーキの人気が失墜……。そもそもガチガチという共通認識があったから、そんなジョークが成立したのか!?

　それはともかく、市販の缶入りフルーツケーキがジョークの種になって久しいのですが、実際は良質の材料で丁寧に作るフルーツケーキはしみじみと味わい深く、最近ではその魅力を見直す動きも出ています。

"ウォーム(温かな)スパイス"が香る生地に
芳醇(ほうじゅん)なフルーツとナッツをたっぷり混ぜ込んだ、
コーヒーによく合うフルーツケーキ。

材料 (直径12cmのケーキ型1台分)

A
- 好みのドライフルーツ(レーズン、カレンツ、クランベリー、アンズなど)…計240g
- ラム酒、またはバーボン(ウィスキー)…30g
- 水…30g
- バター(食塩不使用)…60g
- ブラウンシュガー、またはきび砂糖…45g

卵…Lサイズ1個
バニラオイル…少々

B
- 薄力粉…65g
- ベーキングパウダー…小さじ1/6
- シナモンパウダー…小さじ1/2
- ナツメグパウダー…ひとつまみ
- クローブパウダー…ひとつまみ

アーモンド(ホール。ローストしたもの)…35g
仕上げ用ラム酒、またはバーボン(ウィスキー)…小さじ2
好みで飾り用ドレンチェリー(赤・緑)…適宜
好みで飾り用アーモンド(皮をむいたホール。ローストしたもの)…適宜
好みでアンズジャム…適宜

下準備

● 型の底と側面にオーブンペーパーを敷き込む。
● オーブンを150℃に予熱する。

Festive Holiday Fruitcake
ホリデーシーズンのフルーツケーキ

事件発生!
1
ケーキ

作り方

1. 小鍋にAを入れて中火にかける。沸騰したら弱火で約5分煮て、火を止めてボウルにあける。粗熱が取れたら、溶いた卵を加えてシリコンベラで混ぜ合わせ、バニラオイルも加える。

2. Bをふるい入れ、アーモンドも加えて、シリコンベラで練らないように底から返すように混ぜる。型に入れて平らにならし、好みでドレンチェリーとアーモンドを飾る。

3. 150℃のオーブンで約90分、串を刺して生の生地が付かなくなるまで焼く。型のまま網に取り、すぐに仕上げ用ラム酒をハケで表面に塗る。約10分冷ましてから、ペーパーごと型からはずす。

4. 好みで湯せんにかけてゆるめたアンズジャムを、表面にハケで塗る。

フルーツケーキはここで登場！

〈シャンディ教授〉シリーズ 1

にぎやかな眠り

シャーロット・マクラウド著、髙田恵子訳
（創元推理文庫／東京創元社）

　舞台は北東部ニューイングランドの架空の農業大学の町バラクラヴァ。町の名物であるクリスマス・イルミネーションをきっかけに事件に巻き込まれたピーター・シャンディ教授が、親友に悲しい知らせを告げる際に用意した朝食は、毎年ホリデーシーズンにいとこが送ってくれるフルーツケーキとコーヒー。老いた親友は厚く切ったひと切れをまるごと口の中に押し込み、事実と向き合う気持ちを整える。

解説

ホリデーシーズンの定番の味は、
事件と向き合うパワーを授けてくれる。

　自ら事件を招いてしまった今年をのぞけば、一人暮らしのシャンディ教授は例年静かにクリスマスを過ごしてきました。幾人かの友人にクリスマスカードを送り、儀礼的に近所のクリスマスパーティに顔をだした後は、グレイハウンドのバスに3時間揺られて、もの静かないとこ夫婦の家で穏やかな午餐を楽しみます。

　ローストビーフやヨークシャー・プディングといった、いかにもイギリスの影響を大きく受けているニューイングランドらしいメニューでクリスマスを祝ういとこが、シャンディ教授に毎年ホリデーシーズンに送ってくれるのがフルーツケーキ。古き良き伝統を大切にしていることがうかがえます。

事件発生!
1
ケーキ

〈シャム猫ココ〉シリーズ

猫はスイッチを入れる

リリアン・J・ブラウン著、羽田詩津子訳
(ハヤカワ・ミステリ文庫／早川書房)

　中西部の都市に移り住んだ新聞記者のジム・クィララン。クリスマスが近づく頃にシャム猫のココとヤムヤムと住むことに決めた引っ越し先は、アンティーク・ショップが立ち並ぶ通称ジャンクタウン。膝を痛めたクィラランの元に、親しくなったアンティーク・ショップのオーナーが、治療用の電熱ランプと手作りのフルーツケーキ、エスプレッソのコーヒーメーカーをバスケットに入れてやってきた。

解説

自家製フルーツケーキは、
静かな夜のコーヒータイムにもぴったり。

　見舞いにきたアンティーク・ショップのオーナーは、エスプレッソにレモンピールを添え、フルーツケーキをすすめてくれます。なんともセンスを感じる組み合わせ。ドライフルーツたっぷりのケーキに、レモンのフレッシュな爽快感とコーヒーのコクが加わり、ハッとするほど風味に広がりが出るのです。
　ところで、このオーナーがクィラランにしきりにすすめたフルーツケーキを焼いたのは、実は見舞いに来たオーナー自身ではなく、アンティーク・ショップの顧客のひとりでもある弁護士でした。同シリーズの別の巻で主要人物となるこの弁護士は、高名でグルメなことでも知られます。絶妙な加減でスパイスが利いていて、選び抜いた酒に漬け込んだ選りすぐりのドライフルーツがたっぷり入っているに違いない……と妄想が膨らみます。

事件発生!
1
クッキー

心も身体もぽかぽかに！

Classic Gingerbread
ホリデーシーズンの
ジンジャーブレッド

クッキータイプは、ツリーのオーナメントに。
しっとりしたケーキタイプは、デザートとして。

　ヨーロッパからアメリカへ伝わった焼き菓子ジンジャーブレッドには2種類あります。

　ひとつはクッキータイプ。厚みがあり頑丈なので、ジンジャーブレッドハウスやクリスマスのオーナメントとしても楽しめます。同じ生地でも人の形に型抜きしたものは、特別に「ジンジャーブレッドマンクッキー」と呼ばれます。

　もうひとつはケーキタイプで、角型やローフ型（パウンド型）で焼き上げます。「ブ

レッド」といっても、発酵させずに重曹などの膨張剤で膨らませることが多く、甘くてしっとりしています。

　生クリームやレモンソース、キャラメルソース、アップルソースなどを添えれば、ホリデーシーズンらしい素敵なデザートになります。

　どちらのタイプにもよく使われる「モラセス（糖蜜）」は、アメリカでは一般的な製菓材料。砂糖精製時の副産物で、安価なうえ、風味に深みが加わります。

ピリッとしょうがの利いたジンジャーブレッドマンクッキー。
愛らしいアイシングで仕上げて、
ホリデーシーズンを楽しく盛り上げよう!

材料（15.5×9.5cmの人型5個分）

〈クッキー〉

A
- 薄力粉…140g
- シナモンパウダー…小さじ1/2
- ジンジャーパウダー…小さじ1/2
- クローブパウダー…ひとつまみ

バター（食塩不使用。室温）…50g
ブラウンシュガー、またはきび砂糖…20g
モラセス、またははちみつ…35g
卵…Sサイズ1/2個

〈アイシング〉

粉砂糖…60g
レモン果汁…小さじ2

〈仕上げ〉

ピンクペッパー…適量

下準備

● 天板にオーブンペーパーを敷く。
● オーブンを160℃に予熱する。

POINT

● モラセスではなく、はちみつを使う場合は、色も風味も淡くなる。

Classic Gingerbread
ホリデーシーズンのジンジャーブレッド

事件発生!
1
クッキー

作り方

1. 〈クッキー〉ボウルにバターを入れてシリコンベラで練る。ブラウンシュガーとモラセスを加え、さらに練る。卵も加えてさらに練る。**A**をふるい入れ、練らないように混ぜる。ラップで包んで平らにし、冷蔵庫で約1時間休ませる。

2. 打ち粉の強力粉（分量外）を使い、めん棒で厚さ0.5cmにのばし、型で抜く。

3. 160℃のオーブンで約15分、縁に香ばしい焼き色がつくまで焼く。網に取り、冷ます。

4. 〈アイシング〉小さめのボウルに粉砂糖をふるい入れ、レモン果汁を加えてミニホイッパーで練る。艶が出て滑らかになればよい。かたいようならレモン果汁を数滴足す。小さな絞り袋に入れ、クッキーに絵を描く。

5. 〈仕上げ〉ピンクペッパーを飾る。

ジンジャーブレッドはここで登場！

〈ルーシー・ストーン〉シリーズ 6

史上最悪のクリスマスクッキー交換会

レスリー・メイヤー著、髙田恵子訳
（創元推理文庫／東京創元社）

北東部メイン州の架空の町、ティンカーズコーヴで夫と 4 人の子どもたちと暮らす週刊新聞の臨時記者ルーシー・ストーン。ルーシーがいつものように首を突っ込んだ事件も、いよいよクライマックスにさしかかるクリスマス前日。ストーン家は嵐の前の静けさなのかいつになく穏やかで、末娘はいちばん仲のいい友人の家へジンジャーブレッドマンを作りに行くという。

解説

ジンジャーブレッドマンクッキー作りは、ホリデーシーズン定番の大人気アクティビティ。

　ジンジャーブレッドマンはアメリカでは長年童話としても親しまれていて、子どもたちにもなじみ深いお菓子です。
　クリスマスが近くなると、逃げ足の速いジンジャーブレッドボーイが慢心して、最後はキツネに食べられてしまうという童話『ジンジャーブレッドマン／ジンジャーブレッドボーイ』を読んだり、ジンジャーブレッドマンやジンジャーブレッドハウスを作るアクティビティが開催されたりして、子どもたちの楽しみになっています。
　ルーシーの末娘もクリスマス前日の友人宅でのジンジャーブレッドマン作りが、とても楽しみだった様子。生地をのばすのも型抜きをするのも、そしてアイシングを絞り出すのも、全部がワクワクするアクティビティです。

事件発生！
1
クッキー

〈シャンディ教授〉シリーズ2
蹄鉄ころんだ
シャーロット・マクラウド著、髙田恵子訳
（創元推理文庫／東京創元社）

　北東部マサチューセッツ州の架空の農業大学の町バラクラヴァで新婚生活を送るピーター・シャンディ教授。ヘレン夫人はささやかな夕食会をたびたび開くようになり、この日もシャンディ教授が午後の授業をおえて帰ってくると、テーブルは隣人を夕食に迎える準備が整い飲み物が出ていた。そしてクリーミーなキャセロール、チキン・ダイヴァーンとジンジャーブレッドのアップルソース添えのにおいが家のなかにたちこめていた。

解説

肌寒い日のデザートには、
温かいジンジャーブレッドで温もりを感じて。

　シャンディ教授と結婚したばかりのヘレン夫人が頻繁に開く夕食会に用意するのは、温もりのあるものばかり。この日もデザートに用意したのは特別に凝ったものではなく、シンプルなケーキタイプのジンジャーブレッドでした。
　教授たちが暮らす北東部の町バラクラヴァは4月に入ってもまだ風が冷たく、コートが手放せないようです。
　ジンジャーブレッドは冷え込むホリデーシーズンに登場することが多いのですが、肌寒い日には季節を問わずうれしいデザート。
　きっと身体が冷えないよう、モラセスたっぷりのしっとりとしたジンジャーブレッドを温め直し、温かいアップルソースを添えてふるまったに違いありません。ぽかぽかと温まり、リラックス効果も抜群だったはず。

> 事件発生!
> **1**
> パイ

感謝祭シーズンの定番

Classic Thanksgiving Pumpkin Pie

感謝祭の
パンプキンパイ

感謝祭からクリスマスまで、ごちそう尽くし。
体重増加の危険シーズンには、ご用心！

アメリカでは11月の第4木曜日に祝う「感謝祭（サンクスギヴィング）」。

1620年にピルグリム・ファーザーズ（イギリスの清教徒の一団）が米北東部マサチューセッツ州プリマスに上陸した翌年に、最初の秋の収穫を感謝して祝ったのがはじまりとされています。

アメリカ大陸原産のカボチャを使うパイは、感謝祭の伝統的なデザート。

ピュレにしたカボチャ（たいていの人は缶詰を使います）に、卵や砂糖、スパイス、牛乳を加えて混ぜ合わせ、パイ生地に流し込んで焼くだけ。

気軽に作れる、家庭菓子の代表です。

このパイの風味付けに使われるスパイスミックスは「パンプキンパイ・スパイス」と呼ばれ、シナモン、ナツメグ、ジンジャー、オールスパイスやクローブなどを合わせたもの。

それで風味付けするマフィンやパンケーキ、クッキー、ブレッド類やドリンクは、感謝祭の時期に欠かせません。

**パイ生地とカボチャのピュレは、手作りでも市販品でもOK。
パンプキンパイに使われるスパイスは、
感謝祭にちなみ「収穫の香り」とも呼ばれている。**

材料（内径21cmのパイ皿1台分）

パイ生地（30〜31ページ参照）…1台分
（＊飾り用に生地を使う場合は2台分を用意する）
カボチャ（皮をむき種とワタを除く）…正味200g

A
- グラニュー糖…100g
- 塩…小さじ1/5
- シナモンパウダー…小さじ1/2
- ナツメグパウダー…ひとつまみ
- ジンジャーパウダー…ひとつまみ
- バター（食塩不使用。室温）…55g

卵…Mサイズ2個
牛乳…80g
バニラオイル…少々

下準備

● オーブンを170℃に予熱する。

Classic Thanksgiving Pumpkin Pie
感謝祭のパンプキンパイ

事件発生!
1
パイ

作り方

1. パイ生地は30〜31ページの手順通りに空焼きする。網に取り、粗熱が取れたら、**4**で再度焼く際に縁が焦げないようドーナッツ状に形作ったアルミ箔で覆っておく。

2. カボチャは食べやすい大きさに切り、水にくぐらせラップで包む。600Wの電子レンジで3〜4分、串がすっと通るやわらかさになるまで加熱する。

3. **2**をボウルに移し、カボチャが熱いうちに**A**を入れ、ハンドブレンダーで滑らかになるまで混ぜる。卵と牛乳、バニラオイルも加えてさらに滑らかになるまで混ぜる。ホイッパーですり混ぜてもよい。

4. **1**に**3**を流し入れて、170℃のオーブンで約30分焼く。揺らしたときに表面が揺れなくなれば焼き上がり。好みで木の葉の形のパイ（パイ生地を厚さ2mmにのばし、木の葉型で抜き、爪楊枝で筋を付けてから溶き卵を表面に塗って180℃に予熱したオーブンで10〜15分焼いたもの）を飾る。

Pie Crust
パイ生地

材料（内径21cmのパイ皿1台分）

A ┌ 強力粉…65g
  ├ 薄力粉…65g
  └ 塩…小さじ1/3
バター(食塩不使用、冷たいもの。0.5cm角に切る)
　…85g
牛乳(冷たいもの)…25g
プレーンヨーグルト(冷たいもの)…15g
卵白(空焼きする場合のみ)…Mサイズ1/2個分

作り方

1. ボウルに**A**を合わせてふるい入れる。バターを加えて指先で潰し、手のひらをすり合わせるようにしてサラサラの砂状にする。牛乳とプレーンヨーグルトを加え、カードで切り込むように混ぜる。ここまでの作業は、フードプロセッサーを使ってもよい。

2. 手で軽くまとめ、ラップで包んで平らにし、冷蔵庫で1時間以上休ませる。

3. 生地を台に取り出し、打ち粉(分量外)をしながら、厚さ3mmでパイ皿よりひと回り大きい円形にめん棒でのばす。

4. パイ皿に敷き込み、はみ出した生地は縁の下に折り込んで、指で好みの縁飾りを作る。生地の底と側面にフォークでまんべんなく穴をあける。ラップを表面にぴったりはりつけ、冷凍庫で1時間以上冷やす。

5. （空焼きする場合）オーブンを200℃に予熱する。**4**を取り出してラップをはずし、生地に接する面に薄く植物油（分量外）を塗ったアルミ箔で縁まで覆い、重石をのせる。200℃のオーブンで25〜30分焼く。縁に薄く焼き色が付いたら取り出し、重石を取り除く（火傷に注意）。アルミ箔もはずす。

6. **5**をオーブンに戻し、さらに約5分、底に薄い焼き色が付くまで焼く。オーブンから取り出し、生地の内側全体に溶いた卵白をハケで塗る。これはフォークであけた穴をふさぎ、フィリングの水分で湿気るのを防ぐため。オーブンに戻して約2分、卵白が乾燥するまで焼く。

パンプキンパイはここで登場！

〈家事アドバイザーの事件簿〉シリーズ１

感謝祭は邪魔だらけ

クリスタ・デイヴィス著、島村浩子訳
（創元推理文庫／東京創元社）

　ワシントンD.C.にほど近い美しい古都アレクサンドリアで、離婚後は犬のデイジーと暮らすイベントプランナーのソフィ・ウィンストン。感謝祭の晩に起きた事件の心労から眠れない午前３時にキッチンに下りた彼女が目にしたのは、実母が前夫の母にパンプキンパイを切り分けているところ。ソフィに加えて隣人まで飛び入り参加し、未明のデザートタイムがはじまる。

解説

事件に巻き込まれて、息つく間もない。
心の余裕と時間がなくても、これなら作れる！

　アメリカのミステリには、夜明け前のおやつシーンがよく登場します。事件解決の光が見えるまでそう遠くないという暗示でしょうか。作中で午前３時に楽しんでいるパンプキンパイは、事件に振り回されてクタクタのなか、ソフィが山ほどつくった感謝祭のごちそうのひとつ。

　この超人ぶりはとても真似できないけれど、パンプキンパイだけなら大丈夫。あらかじめ焼いておいたパイ生地と缶詰のパンプキンピュレがあれば、オーブンへ入れるまで10分もかかりません。

　パンプキンパイはもちろん、その香り付けに使うその名も「パンプキンパイ・スパイス」も感謝祭シーズンになくてはならない存在。この香りをかぐだけで、七面鳥やクランベリーソースが並ぶ温かな感謝祭の食卓が思い浮かびます。

事件発生！
1
パイ

〈ルーシー・ストーン〉シリーズ7

感謝祭の勇敢な七面鳥

レスリー・メイヤー著、髙田恵子訳
（創元推理文庫／東京創元社）

ピルグリム・ファーザーズの伝統が息づく北東部メイン州の架空の町、ティンカーズコーヴで週刊新聞の臨時記者として忙しく過ごすルーシー・ストーン。感謝祭シーズン中も取材や記事執筆に殺人事件の自主捜査、夫や子どもたちのことで大忙しだというのに、町の子どもたちの冬支度資金集めのパイ・セール用に、パンプキンパイ6台を焼く約束までしてしまう。さらに感謝祭のディナーには、例年通り3種類ものパイを用意する。

解説

代々受け継ぐ感謝祭の食卓には、クラシカルなレシピ本のパイがよく似合う。

　アメリカではパンプキンパイを家庭で作るとき、缶詰のパンプキンピュレを使うのが一般的ですが、作中には「ハロウィーンの残りのカボチャを使いきるのにいい方法」とあり、どうやらルーシーはピュレを手作りしているよう。

　感謝祭のテーブルセッティング一式を祖母と母から受け継いだルーシー。メニューも代々同じで、現在でも人気の『ファニー・ファーマー・クックブック』のレシピを元にしたニューイングランドのシンプルな家庭料理です。

　ルーシーの愛用版は1965年発行の第11版。この版で満足していて、新版を買うつもりはないようです。

　パンプキンパイも材料を混ぜて焼くだけの手軽で素朴な味です。

サムプリントクッキー

ラムボール

事件発生！
1
クッキー

十人十色のクッキーが集まる

A Cookie Exchange
クリスマスクッキー
交換パーティのクッキー

コミュニティに根ざす、クッキー交換パーティ。
古風で楽しい習慣は、消えゆく伝統になるのか……。

キリスト教徒以外への配慮から、クリスマスシーズンではなく「ホリデーシーズン」という言い方が一般的になっていますが、クリスマス自体が大切にされていることに変わりはありません。

親しい人や属するコミュニティで行う「クッキー交換パーティ」は、クリスマスの時期の古き良き習慣です。

クリスマスにクッキーは欠かせないけれど、ひとりで何種類も焼くのは骨が折れます。そこで各々1種類のクッキーを

たっぷり焼いて持ち寄り、交換するというわけです。

たとえば12人でクッキーを交換すれば、1種類しか入っていなかった自分のクッキー缶が、帰りには12種類のクッキーで満たされます。

人によってはクッキーと一緒にレシピを配ってくれることもあるので、レシピまで手に入ることも！

昔ほど頻繁に行われてはいないようですが、古風で楽しい習慣です。

Thumbprint Cookies

サムプリントクッキー

親指で作ったくぼみに入れるのは、
チョコレート、ジャム、レモンカードと何でもOK。

材料（直径5cm16個分）

〈**クッキー**〉
薄力粉…125g　塩…ひとつまみ
バター（食塩不使用。室温）…80g
グラニュー糖…50g　卵黄…Mサイズ1個分
バニラオイル…少々

〈**仕上げ**〉
卵白…Mサイズ1個分
クルミ（ローストして細かく刻む）…60g
チョコレート（ミルクタイプ）、ホワイトチョコレー
　ト…各30g

フリーズドライラズベリー…適量
ピスタチオ（細かく刻む）…適量
好みでホワイトチョコレートペン…適宜

下準備

● 天板にオーブンペーパーを敷く。
● 卵白は小さめのボウルに入れてミニホイッパー
　でよく溶きほぐしておく。
● クルミはバットに入れる。
● オーブンを180℃に予熱する。

作り方

1. 〈**クッキー**〉ボウルにバターを入れて、シリコンベラで練る。グラニュー糖を加えて
さらに練る。卵黄も加えて練る。バニラオイルも加える。薄力粉と塩をふるい入れ、
練らないように混ぜる。ラップで包んで平らにし、冷蔵庫で約30分休ませる。

2. 〈**仕上げ**〉16等分して丸めたら卵白にさっと付け、クルミを全体にまぶしつけて天
板にのせる。親指、または小さなスプーンの背で深くくぼみを作る。クッキーが割
れないよう左手を添えてゆっくり作業する。ラップをかけて、冷蔵庫で約30分冷や
し固める。

3. 180℃のオーブンで16～18分、周囲に香ばしい焼き色がつくまで焼く。網に取り、
冷ます。

4. 完全に冷めたら、湯せんで溶かした2種類のチョコレートをそれぞれくぼみに入れ、フリーズドライラズベリーとピスタチオを散らす。好みでホワイトチョコレートペンを筋状に絞る。

Rum Balls
ラムボール

**ラム酒をしっかり利かせた芳醇な味わい。
ひと晩寝かせてなじませてから、召し上がれ！**

材料（ひと口大10個分）

クッキー（プレーン味）…50g
ピーカンナッツ、またはクルミ（ローストする）…30g
ココアパウダー（無糖）…大さじ1
粉砂糖…25g
ラム酒…20g
はちみつ…15g

〈仕上げ〉
仕上げ用粉砂糖…適量
仕上げ用ココアパウダー（無糖）…適量

> **POINT**
> ● 食べる際、再度粉砂糖とココアパウダーをまぶす。

作り方

1. クッキーは丈夫なポリ袋に入れて、めん棒で粉々にたたく。またはフードプロセッサーで粉状にする。ピーカンナッツを加えて、再度粉々にする。

2. 1をボウルに移し、ココアパウダーと粉砂糖をふるい入れ、シリコンベラで混ぜる。ラム酒とはちみつも加えて混ぜる。

3. 〈仕上げ〉2を10等分して丸め、仕上げ用粉砂糖、または仕上げ用ココアパウダーを全体にまぶしつける。ひと晩寝かせると風味がなじむ。

クリスマスクッキー交換会はここで登場!

〈ルーシー・ストーン〉シリーズ6

史上最悪のクリスマスクッキー交換会
レスリー・メイヤー著、髙田恵子訳
（創元推理文庫／東京創元社）

北東部メイン州で夫と4人の子どもたちと暮らすルーシー・ストーン。例年クリスマスクッキー交換会を主催してきた友人に代わり、今年のホストを引き受ける。ところが交換会当日に出そうと焼いていたワインケーキの1/4は長男が食べてしまうし、ようやくはじまった交換会では参加者同士がギスギスする。さらには長男が引き起こした事件でクッキーの交換会は台無しになってしまう。

解説

参加するのと主催するのとでは、大違い。
クッキー交換会のホストは、大仕事!

　ルーシーの親友がクッキー交換会の開催をやめたのは、多くの常連が引っ越ししたし世の中は変わったから。今の若い人たちはかつての自分たちとは違うというのです。実際クッキー交換会は少しずつ下火になっているようですが、古き良き習慣を愛するルーシーのような人もまだいます。

　そんなルーシーが毎年作るのは"サンタの親指クッキー＝Santa's Thumbprints（サンタズサムプリント）"。ブラウンシュガーやオーツ麦を混ぜ込み、バニラやアーモンドエッセンスで香り付けした生地を丸めて親指でくぼみをつけて焼き上げ、くぼみに溶かしたチョコレートを入れたものです。

　このクッキーは親指クッキー（サムプリントクッキー）の名前で季節を問わず親しまれていますが、クリスマスらしく「サンタの親指」と呼んでいるのですね。

〈主婦探偵ジェーン〉シリーズ 10

カオスの商人

ジル・チャーチル著、新谷寿美香訳
(創元推理文庫／東京創元社)

中西部のシカゴ郊外に住むジェーン・ジェフリイは、クリスマスを前にクリスマス・キャロルの集いとクッキー交換パーティという2大イベントを抱えて忙しく過ごしている。そんななかで恋人の母親はアポなしで泊まりに来るし、越してきたばかりの隣人は大音量付きの派手派手しいクリスマスイルミネーションで近隣住人を驚かせるし、さらには殺人事件まで勃発する。

解説

焼くのはひとり1種類でも、交換会のおかげで、たくさんのクッキーが楽しめる。

カオス状態のなかでなんとか開催にこぎつけたクッキー交換パーティのテーブルには、ジェーンの作ったデーツ入りのデイト・ロールクッキーにはじまり、クリスマス・カラーの絞り出しクッキー、スプリッツ・クッキーや、しょうが風味のジンジャー・スナップ、繊細なパイ、ラム・ボールなど、みんなのとっておきの菓子がずらりと並びました。

ラム酒を利かせたクッキーやケーキクラムをボウル状に丸め、ココアや粉砂糖をまぶしたり、チョコレートでコーティングしたりするラムボールは、市販品や残り物のクッキーやスポンジケーキを使えば、誰でも無理なく作ることができます。

手軽なのに見栄えがして、芳醇な味わいはコーヒーにぴったり。覚えておいて損はないお菓子です。

事件発生!
1
プディング

罪深いほどおいしいデザート

Sunday Banana Pudding
日曜日の
バナナプディング

アメリカ南部の"コンフォート(癒やし)フード"。
日曜日の教会後に食べるブランチにもひっぱりだこ。

バニラプディングやカスタードクリームにバニラウェイファー(バニラ風味の軽いクッキー)、バナナを層に重ねて、メレンゲや生クリームで仕上げるバナナプディングは、アメリカ南部の代表的なデザートです。

小さなカップで個々に作っていただくのもいいけれど、大人数で楽しむなら、大きな器にたっぷり作って取り分けるのもおすすめです。

人々が忙しくなるにつれて変わりつつありますが、伝統的にクリスチャンは日曜日に教会へ行きます。なかでも南部は教会への出席率が高い地域。必然的に"after church＝教会の後の食事"のメニューというと、南部に注目が集まりがちです。

いかにも南部らしいチキンフライドステーキ(チキンではなく中身は牛肉)やフライドオクラなどのこってりとした料理や、バナナプディングのようなほっとするデザートは、南部のアフターチャーチの典型的なメニューです。

クッキーの代わりに、市販のスポンジケーキを使ってもOK。
バナナプディングは温かいうちはもちろん、
冷やして食べても格別の味わい。

材料（型底11.5×20×高さ5.5cmの耐熱容器1台分）

バナナ（ひと口大に切る）…中3本
軽い食感のクッキー（マリービスケットなど）
　　…10枚

〈カスタードクリーム〉
牛乳…300g
グラニュー糖…60g
卵黄…Mサイズ3個分
薄力粉…30g
バニラオイル…数滴

〈メレンゲ〉
卵白…Mサイズ3個分
グラニュー糖…75g

下準備

● オーブンを180℃に予熱する。

POINT

● カスタードクリームを作る際、卵黄にグラニュー糖を加えたらすぐに混ぜる。時間をおくとダマになる。
● 焼き立てでも冷蔵庫で冷してもおいしいが、当日中に食べきる。

Sunday Banana Pudding
日曜日のバナナプディング

事件発生!
1
プディング

作り方

1. 〈カスタードクリーム〉ボウルに卵黄を入れて、ホイッパーで白っぽくなるまで混ぜる。分量のグラニュー糖のうち半量を加えて、手早く混ぜる。薄力粉をふるい入れ、もったりするまで混ぜ、バニラオイルを加える。

2. 小鍋に牛乳と残りのグラニュー糖を入れて中火にかける。沸騰直前になったら、**1**に少しずつ加えてホイッパーで混ぜる。きれいに洗った小鍋にストレーナーで漉し入れる。

3. **2**を中火にかけ、ホイッパーで絶えず混ぜる。とろみがついてきたら一度火から下ろして手早く全体を混ぜ、滑らかになったら再度混ぜながら火にかける。フツフツと沸いてきたら火からおろす。

4. バットに広げてぴったりとラップをはりつけて、保冷剤を当てて急冷する（いたみやすいので、できるだけすぐに冷やす）。完全に冷めたらボウルに移して、ホイッパーやシリコンベラでほぐし、滑らかな状態にしておく。

5. バター（分量外）を塗った耐熱容器にクッキー、バナナ、カスタードクリームの順に2回重ねる。

6. 〈メレンゲ〉水気も油気も付いていないボウルに卵白を入れて、ホイッパーで角がピンと立つまで泡立てる。グラニュー糖を3回に分けて加え、その都度角がピンと立つまで泡立てる。**5**にのせ、泡を潰さないようにシリコンベラでこんもりと形作り、角を立てる。

7. 180℃のオーブンで10〜12分、焼き色が付くまで焼く。

日曜日のバナナプディングはここで登場！

〈ワニ町〉シリーズ1

ワニの町へ来たスパイ

ジャナ・デリオン著、島村浩子訳
（創元推理文庫／東京創元社）

ディープサウスと呼ばれるアメリカ深南部の架空の町、シンフルで別人になりすまして潜伏生活を送ることになったCIA秘密工作員のレディング（通称フォーチュン）。彼女が老犬ボーンズと暮らすことになった家が建つのはワニ（アリゲーター）も生息する濁った川バイユー沿い。町に到着した翌朝早々、バプティスト教徒 vs カトリック教徒のバナナプディング争奪戦に巻き込まれる！

解説

"シンフル＝罪深き町"は何でもあり。
魅惑のデザートのためなら、アーメンの前でも走り出す！

〈ワニ町〉シリーズにたびたび登場するバナナプディングは、アメリカ南部の代表的なコンフォートフード（心癒やされる食べ物）です。カスタードクリームにクッキーやスポンジケーキ、バナナを重ね、仕上げに生クリームをのせて冷やして、もしくはメレンゲをのせて焼き色をつけて楽しみます。

作中で毎週日曜日に争奪戦が繰り広げられるバナナプディングは、「生まれてから食べたなかで最高においしい」と称えたフォーチュンが、仲間の老婦人に「ホイップクリームを使った冷蔵ものしか食べたことがなかったなら生まれて初めての本物」と返されているので、南部で特に愛されるメレンゲをのせるタイプで間違いなさそう。

食べたい人がたくさんいるときは、多少人数調整がきくよう大きな器で作れば揉めごとも減りそうです。

アメリカ菓子とコーヒー

魅惑的なお菓子が登場するアメリカのミステリでは、素人探偵や仲間たちは、とにかくよくコーヒーを飲みます。ボストン茶会事件以来、お茶よりもコーヒーが愛されてきたアメリカのお菓子は、コーヒーと合わせておけば間違いないものばかり。ミルキーなプディングもボリュームのある揚げ菓子も、コーヒーと相性抜群です。

事件発生!

1

揚げ菓子

食べた後には、カロリー消費が必須!

Funnel Cake
ファンネルケーキ

**太陽がさんさんと降り注ぐ、屋外イベント。
お楽しみの屋台フードといえば、香ばしい揚げ物!**

"ファンネル＝じょうご"を使って、液状の生地を熱々の油の中に紐状に流し入れて揚げるこの菓子は、フェア（品評会）や独立記念日をはじめ、あらゆる屋外イベントの定番です。

粉砂糖をふっただけのものは手でも食べやすく、一方で生クリームをふんだんにトッピングしたものはゴージャスなデザートにもなります。

油をたっぷり吸っているので、もちろん高カロリー。

事件に振り回されて駆け巡る人には悪くないエネルギー源ですが、そうでない人はしっかりカロリーを消費する必要がありそうです。

ファンネルケーキはドイツからアメリカへ移住したペンシルヴェニア・ダッチ由来の菓子。アメリカ南部特有の食べ物ではありませんが、南部を舞台にしたミステリにぴったり。

というのも南部では、フライドチキンにフライドオクラ、フライドトマトなど、名前からして魅惑的な揚げ物が伝統的に好まれているからです。

油の中に生地を紐状に流し入れる方法は、各自のアイデア次第。
絞り出し袋で絞り入れたり、スプーンで流し入れたり。
伝統にのっとって作るなら"ファンネル＝じょうご"を使って。

材料（直径10cm5個分）

A
薄力粉…120g
ベーキングパウダー…小さじ1＋1/2
塩…ひとつまみ

卵…Mサイズ1個
牛乳…120g
グラニュー糖…25g
揚げ油…適量

〈仕上げ〉
生クリーム…200g
グラニュー糖…小さじ1
イチゴ…1パック
粉砂糖…適量

下準備

● イチゴは洗って水を切り、食べやすい大きさ
　に切る。

POINT

● 生地が破裂し火傷するおそれがあ
　るので、ベーキングパウダーとグ
　ラニュー糖の量は減らさない。

Funnel Cake
ファンネルケーキ

事件発生!
1
揚げ菓子

作り方

1. ボウルに卵と牛乳、グラニュー糖を入れて、ホイッパーで混ぜる。**A**を合わせてふるい入れ、ホイッパーのまま練らないように大きく混ぜる。

2. 直径約1cmの丸い口金を付けた絞り出し袋に**1**を入れる。

3. 鍋に揚げ油を入れて中火にかける。165℃になったら、火傷に注意しながら、**2**を直径6cm程度の円を描くようにくるくると絞り入れる。香ばしい色が付いたら裏返し、もう片面も揚げる。

4. 〈仕上げ〉ボウルに生クリームとグラニュー糖を入れ、氷水に当てながらホイッパーで角が立つ直前まで泡立てる。**3**の上にイチゴを飾り、泡立てた生クリームを星形の口金を付けた絞り袋に入れて絞る。粉砂糖をふり、すぐに食べる。

ファンネルケーキはここで登場！

〈ワニ町〉シリーズ 6

幸運には逆らうな

ジャナ・デリオン著、島村浩子訳
（創元推理文庫／東京創元社）

　7月4日の独立記念日とあって盛大にお祭りが開かれているアメリカ南部、ルイジアナ州の架空の町シンフル。潜伏生活を送るCIA秘密工作員のフォーチュンが、行きつけのカフェの朝食を卵白のオムレツとコーヒーだけにしたのは、屋台でファンネルケーキを食べるため。仲間たちと揚げ立てを購入した直後に早速事件に遭遇！

解説

"シンフル=罪深き町"では、おいしい屋台フードもハイカロリーと罪作り!?

　フォーチュンがシンフルに来てからほんの少ししか経っていないのに、友人が彼女のSNSのアカウント名を"TroubleMagnet＝トラブル磁石"としたくらい、事件に次々と巻き込まれていきます。

　今回、フォーチュンが揚げ立てを受け取った直後に事件に遭遇したファンネルケーキ以外にも、アメリカには屋台につきものの揚げ菓子がたくさんあります。

　象の耳のように平べったくて大きい「エレファント・イヤー（象の耳）」。コーラ風味の「ディープフライド・ソーダ」。パン粉や生地をつけたバターを揚げた「ディープフライド・バター」。ピクルスが主役の「フライドピクルス」。日本ではアメリカンドッグの名前でおなじみの「コーンドッグ」。

　いずれも食べすぎ注意の罪作りなハイカロリーフードです。

エスプレッソ・ロマーノ

香り高いエスプレッソにフレッシュなレモン果汁を加え、レモンのスライス、またはレモンピールを添える「エスプレッソ・ロマーノ」。深いコクに爽快感が加わり、ハッとするような華やかな印象です。
砂糖はあくまでもお好みで。とはいえ、入れるとグンと魅力が引き立ちます。

Column 1

結婚式の菓子、葬式の菓子

結婚式の定番クッキーは爽やかなアニスの香り

　たとえば感謝祭にはパンプキンパイやスイートポテトパイ、ピーカンパイ、クリスマスにはジンジャーブレッド、ハロウィンにはキャラメルアップルなど、アメリカには年間行事につきものの菓子があります。
　そして、それら以外にも、たとえば結婚式だったり葬式だったり、そういったいわゆる冠婚葬祭の定番菓子も存在します。

　結婚式には、結び目の形のクッキーにアイシングをかけてスプリンクルをふったイタリア由来の「イタリアン・スプリンクルクッキー／イタリアン・ウェディングクッキー／アンジネッティ」や、ニューメキシコ州のクッキー「ビスコチート」などのクッキーがつきものです。
　どちらも古来饗宴の菓子の香り付けに使われてきたアニスが香る清涼感のあるクッキーで、ともにクリスマスにも焼かれます。

「フューネラル・フード」と呼ばれる葬式の食べ物

アメリカでは葬儀の後にふるまう食べ物をそのまま"funeral food(フューネラル・フード)＝葬式の食べ物"と呼びます。

よく知られる「フューネラル・ポテト」は、サワークリームやチーズなどを混ぜ合わせたジャガイモをキャセロール型に入れ、コーンフレークやポテトチップをふりかけて焼き上げるサイドディッシュです。

また、レーズンがぎっしり詰まった「フューネラル・パイ／レーズン・パイ」は、アーミッシュやペンシルヴェニア・ダッチのフューネラル・フードとして知られ、かつては故人を偲びながらレーズンをひと粒ひと粒枝からはずして作ったといいます。レーズンは保存がきき、一年中いつでも手に入ります。また、フィリングには乳製品を使わないので焼き上がったパイを冷蔵保存しなくてよく、急な葬儀の際でも用意しやすかったようです。

もうひと品、コージーミステリにも登場するパウンドケーキは、特にアメリカ南部のフューネラル・フードとして知られます (119ページ参照)。

捜査開始!

Investigate the mystery!

素人探偵が聞き込みをするには、
人々の堅い口を開かせるためのワイロが必要。
それもとびきり「おいしい」ワイロが。
そして、情報を集めたら、お次は捜査会議。
お菓子をめぐる謎解きにも、もちろん捜査会議にも、
おいしいお菓子は欠かせない。

> 捜査開始!
> **2**
> クイック
> ブレッド

幼少期からのなじみの味

Blueberry Muffins
ブルーベリーマフィン

シンプルな菓子ほど難しいから、
至高のレシピに出合えたら幸運!

　北米原産のブルーベリーは、アメリカの菓子作りになくてはならない存在です。なかでもブルーベリーマフィンは、誰もが子ども時代から親しんでいる味。

　中西部ミネソタ州では、エレメンタリースクールの生徒たちが州のマフィンに推薦し、1988年に州公認のマフィンに指定されているほどです。

　アメリカのマフィンは、重曹やベーキングパウダーなどの膨張剤で膨らませる"クイック＝素早く（できる）"ブレッドです。

　香ばしく焼けたマフィントップ（表面）は、特に魅惑的。

　アメリカで大ヒットしたコメディドラマ『となりのサインフェルド』で、マフィントップを売る店が出てきた回には、思わず膝を打ちたくなりました。

　実際マフィントップだけが焼ける焼き型「マフィントップパン」なるものも売られていますが、マフィントップのおいしさは下の部分があってこそ。トップだけだと、不思議と魅力が激減するのです。

ブルーベリーマフィンのレシピは十人十色。
表面はカリカリ、中はふんわりしっとり。
シナモンを利かせたこのマフィン、お気に召せば幸い。

材料（直径7cmのマフィン型6個分）

〈クラム〉
バター（食塩不使用）…25g
A ┌ 薄力粉…50g
  └ シナモンパウダー…小さじ1
ブラウンシュガー、またはきび砂糖…25g

〈生地〉
バター（食塩不使用。室温）…60g
グラニュー糖…60g
卵（室温）…Mサイズ1個
バニラオイル…少々
B ┌ 薄力粉…120g
  │ ベーキングパウダー…小さじ1
  │ 重曹…小さじ1/5
  └ 塩…小さじ1/5
水切りヨーグルト（室温）…65g
※キッチンペーパーを敷いたザルにプレーンヨーグルト130gをのせて、冷蔵庫で数時間水を切る。水切り後に計量。

牛乳（室温）…35g
ブルーベリー（冷凍の場合、解凍しない）…120g
薄力粉…小さじ2

下準備

● 型にマフィン用グラフィン紙を敷く。
● オーブンを220℃に予熱する。

58

Blueberry Muffins
ブルーベリーマフィン

作り方

1. 〈クラム〉ボウルにバターを入れて湯せんにかけ、溶けたら湯せんからはずす。人肌に冷めたら**A**をふるい入れ、ブラウンシュガーを加えて、フォークでそぼろ状になるまで混ぜる。

2. 〈生地〉**1**とは別のボウルにバターを入れて、ホイッパーで空気を含ませるように混ぜる。グラニュー糖を加えて混ぜ、溶いた卵を数回に分けて加え、その都度よく混ぜる。バニラオイルを加えて混ぜる。

3. **B**の半量をふるい入れて、シリコンベラで練らないように混ぜる。粉が少し残った状態で、水切りヨーグルトと牛乳を加えて混ぜる。残りの**B**をふるい入れて混ぜる。

4. ブルーベリーに薄力粉をまぶして、**3**に加えて大きく2回混ぜる。

5. 型に入れ、**1**のクラムをのせ、220℃で約5分。180℃に下げてさらに約20分、串を刺して生の生地が付かなくなるまで焼く。

ブルーベリーマフィンはここで登場！

〈黒後家蜘蛛の会〉シリーズ
黒後家蜘蛛の会 5　秘伝
アイザック・アシモフ著、池央耿訳
（創元推理文庫／東京創元社）

　黒後家蜘蛛の会（ブラック・ウィドワーズ）の会員は月に1回、ニューヨークの「ミラノ・レストラン」の個室で晩餐会を開く。メンバーは弁護士、暗号専門家、作家、化学者、画家、数学者。それに給仕のヘンリーだ。毎回ひとりやってくる今宵のゲストは鉛管工のダイナストだ。一同は、彼の妻の秘伝で、「あんまり美味いんで、他所の亭主どもが夢中」になるという、誰もが欲しがっていたブルーベリーマフィンのレシピをめぐる謎解きをする。

解説

なりふり構わず手に入れたいほど美味！
極上のブルーベリーマフィンのレシピ。

　ブルーベリーマフィンは、いってしまえばありふれた菓子です。アメリカではスーパーにもベーカリーにもカフェにも、必ずといっていいほど並んでいるし、バザーと聞けば必ず誰かが焼いてきます。
　でも、これぞというものにはなかなか出合えません。
　各々の理想形が頭のなかにあるものの、それは店にはないし自分で作ってもいまひとつ。その前提があるからこそ、極上のブルーベリーマフィンのレシピが熱望されるこの短編が、違和感なく受け入れられるのです。
　不思議なことに著者のアシモフは、話の軸であるブルーベリーマフィンの具体的な味や見た目には一切触れていません。各々の理想のマフィンが異なることをきちんと分かっていて、読者が自分のなかの最高の味を思い浮かべながら読めるよう、あえて具体的に書かなかったのではと想像せずにはいられません。

コーヒーの温め直し方

おいしく淹れたコーヒーが冷めないよう、カラフェやポットで保温したりします。飲みかけが冷めてしまったら、電子レンジで温め直してしまう、というのもアメリカ流。風味を損なわないよう、そして、突沸しないよう少しだけ温めるのがコツです。

> 捜査開始!
> **2**
> クイック
> ブレッド

朝食にも、おもてなしにも

Popovers
ポップオーバー

眠い目をこすりながらでも作れるくらい簡単。
ぜひ焼き立てを朝食に。

シュー生地を思わせる焼き菓子で、型から "ひょっこり顔を出す＝pop over（ポップォーバー）" ように膨らみます。

パンケーキやマフィンのような感覚で朝食や軽食にしたり、パンのような感覚でディナーに出したりと、一日中楽しむことができます。

生地をマフィン型や、それよりも深さのある専用のポップオーバー型に入れて焼き上げます。膨張剤を使わずともムクムク膨らむ生地ですが、途中でオーブン

を開けるとしぼんでしまうので注意が必要です。

かつては「ラップランダー」とも呼ばれていたこの焼き菓子は、イギリスのヨークシャー・プディングに由来するというのはよく聞く説ですが、シェフでありクックブックの著者であり、偉大なる食通でもあったジェームズ・ビアードは、それを否定しています。試行錯誤の末に今の形に落ち着いた、アメリカ独自の焼き菓子だというのです。

ポップオーバーのムクムクと膨らんだ生地が
ぺしゃんと潰れるのを防ぐため、
オーブンを途中で開けるのは御法度。

材料（直径6.5×高さ8cmのポップオーバー型6個分）

卵…Mサイズ2個
牛乳…150g
A ┌ 強力粉…40g
　├ 薄力粉…40g
　└ 塩…小さじ1/4
好みでバター…適宜
好みでジャム…適宜

下準備

● 型にバター（分量外）を塗る。
● オーブンを210℃に予熱する。

Popovers
ポップオーバー

捜査開始!
2
クイック
ブレッド

作り方

1. ボウルに卵を割り入れてホイッパーで溶きほぐし、牛乳を加えて混ぜる。
Aを合わせてふるい入れ、滑らかになるまで混ぜる。

2. 型に6等分して流し入れ、210℃のオーブンで約10分、180℃に下げてさら
に約20分焼く。焼き上がったら約10分待った後、オーブンから取り出す。
途中でオーブンの扉を開けると、しぼんでしまうので注意する。

3. 好みでバターやジャムを塗って食べる。

ポップオーバーはここで登場！

〈セーラ・ケリング〉シリーズ 12

浮かんだ男
シャーロット・マクラウド著、戸田早紀訳
（創元推理文庫／東京創元社）

　東海岸の古都ボストンの名士一族出身で、前夫の死後に再婚した美術品専門の探偵と、彼との子と暮らすセーラ・ケリング・ビターソーン。事件に向き合うある朝、ポップオーバーを焼き、ポットに紅茶を淹れて台所のテーブルにつくと、誰も起きてこないうちにまずは2つ食べ、3つ目を食べるべきか熟考を重ねた。

解説

好みのジャムやソースを取りそろえ、バターをたっぷり添えて召し上がれ。

　素人探偵が活躍するアメリカのミステリは軽快なものが多いのですが、上流階級や富豪が住んだボストンが舞台のこのシリーズは、どこかもの悲しさが漂います。

　セーラがその古い世界から自由になろうとするかのように事件と向き合う朝、家族のためにポップオーバーを焼きます。この焼き菓子は特に、ボストンのようなイギリスの影響の色濃い北東部ニューイングランドで人気です。

　朝食にポップオーバーを食べるときは、セーラの伯父がそうしていたようにバターやジャムを添えるのが一般的ですが、このときセーラが添えたのは庭のリンゴで作ったアップルソース。

　リンゴを形が崩れるまでコトコト煮込んだもので、そのまま食べたり、何かにつけて楽しんだり、甘味料や油脂代わりに材料として使ったりします。

捜査開始！ 2 クイックブレッド

〈ルーシー・ストーン〉シリーズ5

バレンタインは雪あそび

レスリー・メイヤー著、髙田恵子訳
（創元推理文庫／東京創元社）

　北東部メイン州の架空の町で夫と4人の子どもたちと暮らすルーシー・ストーン。いつものように首を突っ込んだ事件の聞き込みがてら、友人へのプレゼントを選びに行ったアンティーク店で、店主手製のブルーベリーマフィンをいただく。彼のパートナーはそのマフィンを最高だと称えるが、実は手作りのストロベリージャムをつけて食べる店主のポップオーバーはそれ以上だという。

解説

ストロベリージャムをつけて食べるポップオーバーは、ブルーベリーマフィンよりもおいしい！？

　とびきりおいしいブルーベリーマフィンを食べているところなのに、それ以上にポップオーバーが食べたくなってしまう不思議なシーンです。
　アンティーク店主のパートナーは、ひとつ目の大きなマフィンにたっぷりバターを塗って食べ、2つ目を手に取ると、おもむろに「彼のポップオーバーはマフィン以上でしてね」と称えます。さらに「手作りのストロベリージャムをつけて……」と続けたところで、減量中のためコーヒーだけにしていたルーシーは、たまらずマフィンに手を伸ばしてしまうのです。
　店主のポップオーバーは、実在するニューヨーク州イサカの自然派レストランのクックブック『ムースウッド・クックブック』を参考に、卵をたっぷり使う、カスタードのように濃厚なものだったようです。

捜査開始!

2

クイック
ブレッド

相棒はコーヒー！

Sour Cream Coffee Cake
サワークリーム
コーヒーケーキ

コーヒーケーキとは、コーヒー風味ではなく、
コーヒーによく合うからそう呼ばれる焼き菓子の総称。

　アメリカでの「コーヒーケーキ」は、多くの場合、コーヒー風味のケーキではなく、コーヒーと合う焼き菓子全般を意味します。伝統的にはドイツや北欧の影響を受けた発酵生地のケーキを指しますが、家庭では発酵させずに、重曹やベーキングパウダーで手軽に膨らませるのが一般的です。

　スパイスやフルーツが使われることが多く、人気なのはしっとりふんわりとした生地にシナモンを利かせ、カリカリ食感のクラムをのせて焼き上げるサワークリームコーヒーケーキ。角型やローフ型（パウンド型）、もしくはバント型と呼ばれる真ん中に穴の開いた型で焼き上げます。

　コーヒーケーキはアメリカのケーキのなかでは甘さ控えめで、朝食にもぴったりです。コーヒータイムに焼き立てを持参すれば、重い口を開かせることができるかも！

69

サワークリームコーヒーケーキの生地のなかにも上にも、
シナモンを利かせた
カリカリ食感のクラムがたっぷり！

材料（18×18cmの角型1台分）

〈クラム〉

A ┌ 薄力粉…140g
　└ シナモンパウダー…小さじ1+1/2

ブラウンシュガー、またはきび砂糖…75g
バター（食塩不使用、冷たいもの。0.5cm角に切る）
　…75g

〈生地〉

バター（食塩不使用。室温）…65g
グラニュー糖…65g
卵（室温）…Sサイズ1個
バニラオイル…少々

B ┌ 薄力粉…125g
　│ ベーキングパウダー…小さじ1
　│ 重曹…小さじ1/5
　└ 塩…小さじ1/5

サワークリーム（室温）…100g

下準備

● 型にオーブンペーパーを敷く。
● オーブンを180℃に予熱する。

> **POINT**
>
> ● サワークリームが足りないときは、20g程度であれば同量の水切りヨーグルト（※キッチンペーパーを敷いたザルにプレーンヨーグルトをのせて、冷蔵庫で数時間水を切ったもの。水切り後に計量）に置き換えることもできる。

70

Sour Cream Coffee Cake
サワークリームコーヒーケーキ

作り方

1. 〈**クラム**〉ボウルに**A**をふるい入れて、ブラウンシュガーを加える。バターを加えて指先で潰し、手のひらをすり合わせるようにしてサラサラの砂状にする。70ｇ分を小さなボウルに取り分けておく。残りは小石大の粒状になるまで、さらにすり合わせる。

2. 〈**生地**〉**1**とは別のボウルにバターを入れて、ホイッパーで空気を含ませるように混ぜる。グラニュー糖を加えて混ぜ、溶いた卵を数回に分けて加え、その都度よく混ぜる。バニラオイルを加えて混ぜる。

3. **B**の半量をふるい入れて、シリコンベラで練らないように混ぜる。粉が少し残った状態で、サワークリームを加えて混ぜる。残りの**B**をふるい入れて混ぜる。

4. 型に**3**の半量を入れ、スプーンの背を使って薄く広げる。**1**で取り分けておいた70g分のクラムを均等にのせる。その上に残りの**3**を少しずつのせ、クラムが引っ張られないように、慎重に広げる。残りの**1**を均等にのせる。

5. 180℃のオーブンで28〜30分、串を刺して生の生地が付かなくなるまで焼く。ペーパーごと型からはずし、網に取って冷ます。

コーヒーケーキはここで登場！

〈シャンディ教授〉シリーズ１
にぎやかな眠り
シャーロット・マクラウド著、髙田恵子訳
（創元推理文庫／東京創元社）

　北東部にある普段は静かな架空の農業大学の町バラクラヴァで、町をあげてのお祭り騒ぎのクリスマスに事件に巻き込まれたピーター・シャンディ教授。犠牲者が、隣人が子どもに持たせてよこしたコーヒーケーキを朝食に食べていたことを知り探りを入れる。子育てで忙しい隣人が、市販のミックス粉を使って作ったコーヒーケーキは、無害かはたまた有害か。

【解説】

どんなに忙しくても手作りしたい！
市販のミックス粉は、そんな人の強い味方。

　子育てで疲れ切っている隣人が子どもに持たせたのは、手作りのコーヒーケーキでした。アメリカのどこのスーパーにも並んでいるほど一般的な「ベティ・クロッカー」ブランドのミックス粉で簡単に作ったものだったようですが、普段の朝食にはビタミンCのためにローズヒップティーを、腸のためにはオールブランをとるような健康志向の人が、つい手を伸ばしてしまうくらいには十分魅力的だったようです。
　アメリカではこんなふうに隣人と手作りの菓子をやりとりするだけではなく、バザーや集まりなど、手作り菓子が必要な場面がたくさんあります。ミックス粉のような市販のお助けアイテムは、多忙なアメリカの人たちの「手作り」の大きな部分を支えています。

> 捜査開始!
> 2
> クイックブレッド

〈ルーシー・ストーン〉シリーズ 5

バレンタインは雪あそび

レスリー・メイヤー著、髙田恵子訳
（創元推理文庫／東京創元社）

　北東部の架空の町で暮らす週刊新聞の臨時記者ルーシー・ストーン。いつものように事件に首を突っ込みすぎたルーシーは、パートナーを亡くした人のところへサワークリーム・コーヒーケーキを焼いてお悔やみを言いにやってきた。凍えるような寒さのなか、車の後部座席にのせて運んできたアルミ箔の包みを手渡すと、その人はルーシーをコーヒーに誘った。

> 解説

お悔やみの気持ちを伝えるときにも持参する、人々の暮らしに寄り添うコーヒーケーキ。

　お悔やみを伝えるためルーシーが焼いたコーヒーケーキは、しっとりとしたサワークリーム入りの生地に、ブラウンシュガーとナッツのトッピングがのったオーソドックスなものだったようです。古き良き伝統を大切にするルーシーは、おそらくミックス粉を使わずに一からケーキを手作りしたのでしょう。
　パートナーを亡くした昨日から、ほとんど食べていなかったというその人は、アルミ箔に包まれた気取りのないコーヒーケーキは喉を通ったようで、「おいしい」と頬張ります。一緒にコーヒーケーキを食べ、コーヒーを飲み、話を聞き、その家をあとにしたルーシーは、「あからさまな悲しみの前では、まったく無力だ」と落ち込みますが、それでもコーヒーケーキのおかげで、悲しみに寄り添うことはできたのではないでしょうか。

> 捜査開始!
> **2**
> 果物の
> デザート

サクサク食感が愉快!

Strawberry Shortcake
ストロベリーショートケーキ

旬のイチゴを最高に楽しめるレシピ。
温かいビスケットとひんやりとした生クリームが好相性!

　ショートケーキにはさまざまなスタイルがありますが、アメリカで一般的なのは、外はサクッと、中はふんわりと焼き上げたビスケットを使うもの。

　オーブンから出したばかりの焼き立て熱々を横に割り、イチゴと生クリームをたっぷり盛り付けたところに、香ばしく焼けた上半分を添えます。

　ビスケットではなくケーキ生地で作ることもありますが、このデザートの名前の由来は"short（ショート）＝サクサク"という食感。

　ふんわりとしたケーキよりも香ばしいビスケットの方がしっくりきます。

　特に日常的にビスケットが食べられてきた南部では、余ったビスケット生地でデザートにショートケーキを用意する習慣があるのは自然な流れ。

　イチゴのほか、南部の特産である桃を使うショートケーキも人気です。

ストロベリーショートケーキの生地は、
休ませることで、きれいな形に焼き上がる。
イチゴのほかに、ブルーベリーやチェリー、桃も合う!

材料（直径6.5cmの菊型3個分）

〈ビスケット〉

A
薄力粉…120g
ベーキングパウダー…小さじ1
重曹…小さじ1/5
塩…ひとつまみ

バター（食塩不使用、冷たいもの。0.5cm角に切る）
…55g

グラニュー糖…小さじ2

B
牛乳（冷たいもの）…50g
プレーンヨーグルト（冷たいもの）…30g

艶出し用牛乳…適量

トッピング用グラニュー糖…小さじ1/2

〈仕上げ〉

イチゴ（ヘタを取る）…正味150g

グラニュー糖…小さじ2+1/2

生クリーム…100g

下準備

● 天板にオーブンペーパーを敷く。
● オーブンを230℃に予熱する。

POINT

● ビスケットは温かいうちがおいしい。冷めている場合は、オーブンやオーブントースターで温めてから使う。
● 残ったビスケットはラップで包み、保存袋に入れて冷凍保存する。食べるときは180℃に予熱したオーブンに10分入れ、スイッチを切って余熱で中まで温める。

Strawberry Shortcake
ストロベリーショートケーキ

捜査開始!
2
果物の
デザート

作り方

1. 〈ビスケット〉ボウルに**A**をふるい入れ、バターを加えて、米粒大になるまでカードで切り込む。グラニュー糖を加える。中央をくぼませ、**B**を混ぜ合わせたものを加えて、カードで切るように混ぜる。ラップで包んで平らに整え、冷蔵庫で約1時間休ませる。

2. 打ち粉の強力粉（分量外）をふった台に取り出し、めん棒で厚さ2cmにのばし、直径6.5cmの菊型で抜く。

3. 天板に間隔をあけて並べる。表面に艶出し用牛乳をハケで薄く塗り、トッピング用グラニュー糖をふる。

4. 230℃のオーブンで約5分、200℃に下げてさらに10〜12分焼く。裏が濃いきつね色になったら焼き上がり。網に取って冷ます。

5. 〈仕上げ〉イチゴは縦半分に切ってボウルに入れ、グラニュー糖小さじ2をまぶす。別のボウルに生クリームとグラニュー糖小さじ1/2を入れて、氷水に当てながらホイッパーで角が立つ直前まで泡立てる。

6. 焼き立ての**4**を横半分に割って、器に下半分をのせる。**5**のイチゴを汁ごとのせ、**5**の生クリームを添え、上半分を重ねてすぐに食べる。

ストロベリーショートケーキはここで登場！

〈お菓子探偵〉シリーズ 20

バナナクリーム・パイが覚えていた

ジョアン・フルーク著、上條ひろみ訳
(mirabooks ／ハーパーコリンズ・ジャパン)

　アメリカ中西部ミネソタ州の架空の町、レイク・エデンにあるベーカリー兼コーヒーショップ「クッキー・ジャー」のオーナーであるハンナ・スウェンセン。自分の店の菓子が何度も殺人現場で見つかってきたことにため息をつきながら、これまでの事件と菓子を思い出す。過去に現場で見つかった菓子のひとつは彼女の名前を付けた「ストロベリー・ショートケーキ・スウェンセン」だ。

解説

殺人事件の現場で見つかったのは、町の人に愛されるストロベリーショートケーキ。

　このシリーズの日本語のタイトルはマイルドですが、原書のタイトルはすべて「菓子の名前＋Murder（殺人事件）」。このシリーズには菓子だけではなく殺人事件もつきもので、その現場で自分の店の菓子が何度も発見されてきたことに対して、ハンナはなんともいえない思いを抱いています。

　とはいえ菓子にもハンナにも何ら非はなく、いつでも町の人の傍らにあるハンナの菓子は、それだけ多くの人から愛されているという証でもあります。

　店の名前でもある「クッキー・ジャー」とは、クッキーを保存するガラスや陶器製の容器のこと。さまざまなデザインのものがあり、コレクターもいるほどです。

　その名の通り店の看板商品はクッキーですが、ストロベリーショートケーキのようにクッキー以外の菓子も町の人を魅了しています。

コーヒーと朝のお楽しみ

アメリカのコーヒーショップの定番メニューであるマフィンやスコーン、クッキーなどの焼き菓子は、自分を甘やかしたい日の朝食にぴったり。コーヒーによく合う、そうした甘いものは、「朝のお楽しみ」というニュアンスで「ブレックファスト・トリーツ」とも呼ばれます。

捜査開始!
2
クッキー

> ココアの色がそれらしい

Coconut Cowpats
牛ふんクッキー

見た目はまるで……!?
食べればココナッツとココアのやさしい味わい。

アメリカには面食らうような呼び名を付けられた食べ物がたくさんありますが、そのなかでもこのクッキーの名前は一度聞いたら忘れられないほどユニークです。"cowpats（カウパット）"とか"cow patties（カウパティ）"、"cow pies（カウパイ）"などと呼ばれますが、意味は全部同じで「牛のふん」。

牛ふんクッキーといえば、たいていはバターやピーナッツバター、ココアパウダーを鍋で煮立てたところにオートミールやココナッツを混ぜ込み、スプーンですくい落として冷やし固める"no-bake（ノー・ベイク）＝焼かない"タイプのクッキーを指しますが、焼くタイプもあります。

どちらもココアの色や不規則な形が、たしかにどこか牛のふんを思わせなくもありません。こんな名前を付けたら食欲が失せそうなものですが、意外にも愛されているのです。

牛ふんクッキーなる愛すべきネーミングのクッキー。
自然の恵みたっぷりの
滋味深き味をご堪能あれ!

材料 (直径5cm10枚分)

A
バター(食塩不使用)…30g
グラニュー糖…100g
ココアパウダー…小さじ2+1/2
牛乳…40g
塩…ひとつまみ

ピーナッツバター(スムーズタイプ。微糖)…15g
チョコレート(カカオ分65%程度)…30g
オートミール…60g
ココナッツロング…10g

下準備

● 冷蔵庫に入るサイズのバットにオーブンペーパーを敷く。

Coconut Cowpats
牛ふんクッキー

捜査開始!
2
クッキー

作り方

1. 小鍋にAを入れてシリコンベラで混ぜながら中火にかけ、沸騰したら弱火で約3分煮る。火から下ろし、ピーナッツバターとチョコレートを加えて、ヘラで混ぜて溶かす。オートミールとココナッツロングを加えて、混ぜる。

2. バットに、スプーン2本を使って10等分してのせ、形を整える。

3. 冷蔵庫で約1時間、冷やし固める。

牛ふんクッキーはここで登場！

〈シャンディ教授〉シリーズ1

にぎやかな眠り

シャーロット・マクラウド著、髙田恵子訳
（創元推理文庫／東京創元社）

バラクラヴァ農業大学のシャンディ教授は、クリスマス・パーティをすっぽかしたことを詫びるために同僚宅へ向かう。道中、学生が運営する屋台でココナッツ入りの牛のふんを見つけ、手みやげにしようとひと包み購入する。同僚宅に到着すると、「下品な名前をもつ素朴な手みやげの包み」を渡し、謝罪の言葉を口にした。

解説

お詫びの手みやげに牛ふんクッキーを選んでも、くせ者たちが暮らす農業大学の町なら許される!?

　生真面目なシャンディ教授の悪気のない言動は、たびたび読者を笑わせてくれますが、招かれたパーティをすっぽかしたお詫びにココナッツ入りの牛のふん（牛ふんクッキー）を選ぶあたりもなかなかユニーク。

　しかも、屋台で購入した際に、釣り銭が驚くほど少なかったため、買ったことを「後悔している」と言い、さらには「自分で食べるつもりはないから、このうえおなかをこわすのだけは避けられるだろう」とまで言うのです。

　でも、農業大学の町の住人たちはひと癖もふた癖もある人ばかりなので、この程度の言動はかわいいもの。

　考えてみれば農業大学の町で牛ふんクッキーとは、むしろ洒落が利いているともいえるのかも。とにかく食べておいしいことは確かなので、ご安心を。

お気に入りのマグカップ

皿もカトラリーも共用のアメリカで、コーヒーを飲むマグカップだけは、それぞれがお気に入りの自分専用のものを使います。一日中手元に置くマグカップは、一番身近で特別な器なのです。

| とろけるような食感 |

Chocolate Mousse
チョコレートムース

空気をたっぷり抱き込んだ、軽やかな口当たり。
エレガントなデザートとして人気。

アメリカにはよく似たチョコレートのデザートが2種類あります。

ひとつは「チョコレートプディング」。カスタードクリームにチョコレートを溶かして混ぜ、型に流して冷やします。鍋ひとつでできるので、家庭でも作りやすく、子どものおやつにも人気です。

もうひとつは「チョコレートムース」。チョコレートを溶かして混ぜたカスタードにメレンゲ、または泡立てた生クリームを混ぜ込み、型に流して冷やします。

少し手間がかかりますが、プディングよりも軽やかな食感で、エレガントなデザートとして人気です。

プディングは必ず卵に火を通しますが、ムースの方はそうとは限らず、溶かしたチョコレートに生の卵黄を混ぜ込み、泡立てた卵白と合わせたものをそのまま食べることもあります。最近では衛生面から、ここで紹介するように卵黄には火を通し、卵白の代わりに生クリームを使うこともよくあります。

チョコレートムースの主役であるチョコレートは
そのまま食べてもおいしいものを選んで。
好みでラム酒やバーボンで風味を付けるのもおすすめ。

材料（容量90mlのカップ6個分）

卵黄…2個分
グラニュー糖…15g
牛乳…100g
バター（食塩不使用）…小さじ2
バニラオイル…少々
チョコレート（カカオ分55％程度。刻む）…100g
生クリーム（乳脂肪分35％程度）…200g

〈仕上げ〉
好みで飾り用生クリーム…100g
好みで飾り用イチゴ…6粒

POINT

● いたみやすいので冷蔵庫に入れて保存し、当日中に食べきる。

Chocolate Mousse
チョコレートムース

捜査開始！
2
ムース

作り方

1. 小鍋に卵黄を入れて、ホイッパーで白っぽくなるまで混ぜる。グラニュー糖を加えて手早く混ぜ、牛乳、バター、バニラオイルを加える。

2. 1を中火の湯せんにかけ、バターを溶かす。小鍋の底が湯の鍋底に直接つくと温度が上がりすぎるので、蒸し台などを間に入れるとよい。

3. 湯が静かに沸いている状態を保ち、常にホイッパーで混ぜながら、カスタードクリームのようなとろみをつける。チョコレートを加えて、静かに混ぜて溶かす。

4. バットに広げてぴったりとラップをはりつけて、保冷剤を当てて急冷する（いたみやすいので、できるだけすぐに冷やす）。完全に冷めたらボウルに移して、ホイッパーやシリコンベラでほぐし、滑らかな状態にしておく。

5. 4とは別のボウルに生クリームを入れて、氷水に当てながら、角がゆるく立つまで泡立てる。4のボウルにシリコンベラでひとすくい加えて、よく混ぜ合わせる。残りも加えて、泡を潰さないように大きく混ぜる。

6. カップに6等分して入れ、表面を平らにならす。冷蔵庫で2〜3時間冷やす。

7. 〈仕上げ〉好みで飾り用生クリームを泡立てて、星形の口金をつけた絞り袋に入れて絞り出し、イチゴを飾る。

チョコレートムースはここで登場！

〈ルーシー・ストーン〉シリーズ1

メールオーダーはできません

レスリー・メイヤー著、髙田恵子訳
（創元推理文庫／東京創元社）

　北東部メイン州の架空の町で、夫と子どもたちと暮らすミステリ好きのルーシー・ストーン。クリスマスの準備で忙しく過ごしながらも、仕事中に遭遇した事件の推理と自主捜査を進める。クリスマスディナーのデザートは、友人に教えてもらったチョコレートムース。「絶対に失敗しない」という保証つきのレシピだ。

解説

絶対失敗しない保証つきのチョコレートムースは、クリスマスのデザートにもぴったり。

　家族みんながおめかしをして囲んだクリスマスディナーのテーブルは、クリスタルの燭台や銀器で美しくセッティングされていました。メニューはイギリスの影響を色濃く受けている北東部ニューイングランドらしく、グレイヴィーソースを添えたローストビーフとヨークシャープディング。

　そんな食べ応えのあるディナーのデザートにルーシーが用意したのは、友人のレシピで作ったチョコレートムースでした。

　絶対失敗しない保証つきだということなので、おそらく卵黄を使う一般的なレシピではなく、生クリームの半量は温めてチョコレートを溶かし、それが冷めたら残りの生クリームを泡立てたものを加えて混ぜる簡易版なのではと、想像しています。卵黄を使うものよりもあっさりとしているので、重たい食事のあとでも食べやすく、喜ばれそうです。

捜査開始!
2
ムース

〈シャム猫ココ〉シリーズ

猫はシェイクスピアを知っている

リリアン・J・ブラウン著、羽田詩津子訳
（ハヤカワ・ミステリ文庫／早川書房）

　新聞記者を退職し、どの街からも400マイル（約640km）は北にあるという、カナダとの国境に近いムース郡にシャム猫のココとヤムヤムと移り住んだジム・クィララン。大切な客人のために、以前はクィラランの貸間のオーナーで、今は家政婦のコブ夫人が、ベイクト・ハムに洋ナシのサラダ、さつまいものキャセロール、それからデザートにはチョコレートムースとコーヒーを用意してくれた。

解説

大切な人をもてなすディナーの締めくくりには、とろけるようなチョコレートムースがよく似合う。

　コブ夫人は、クィラランと共にムース郡に移り住み、家政婦として生活をサポートしています。もともとはアンティーク・ディーラーで鑑定人でもあった夫人は、クィラランが相続した、博物館になる予定の建物の研究員なども務めているほど博識な女性です。
　そんな彼女の特技は料理です。ココナッツケーキやブラウニーなど、クィラランを魅了してきたデザートも数知れず。
　コブ夫人が今回、クィラランの大切な客人のために用意したデザートがチョコレートムースでした。料理には手間を惜しまないコブ夫人のことです、チョコレート風味のカスタードソースをこれ以上ないほど滑らかに作り、ほどよいかたさに泡立てた生クリームを混ぜ合わせて、口溶けのよいムースに仕上げたに違いありません。

Column 2

粉類まで計量カップで量る！汎用粉って何？

アメリカの1カップは約240ml

　アメリカの家庭では伝統的に、液体はもちろん小麦粉や砂糖などの粉類も、はかりではなく計量カップで量ります。はかりがない家庭があるのに加えて、デジタルスケールがなかった時代には、はかりよりも計量カップで量る方が圧倒的に手軽だったのです。それでいて正確さは大差ないので、計量カップが支持されてきたのも納得です。

　現在はデジタルスケールの誤差の少なさと手軽さから、デジタルスケールで計量する人が増えています。
　計量カップで量るときの誤差は、アメリカの菓子作りの失敗の大きな原因です。レシピに「粉はふんわり計量する」とか「ブラウンシュガーはぎっしり詰め込む」とか注意書きが載ることもありますが、それに従ったとしても誤差は出ます。
　対するデジタルスケールはほとんど誤差が出ないスグレモノ。
　ちなみに、アメリカの1カップは約240ml。日本では1カップは200mlなので、ミステリ本に載る海外レシピを参考にする際は注意が必要です。

アメリカでは、日本の中力粉にあたる汎用粉が主流

　製菓材料もアメリカと日本ではちょっとずつ異なります。

　たとえば日本では菓子作りには薄力粉、パイ生地には中力粉など、細かく使い分けます。

　アメリカでも使い分けることはあるものの、一般的にはパイにも菓子にも日本の中力粉にあたる「All Purpose Flour（オールパーパス・フラワー）＝汎用粉」が使われます。それを使うことで、ケーキもマフィンも軽やかというよりは、香ばしくてどっしりした独特の食感に焼き上がります。

　それからアメリカで単に「sugar（シュガー）＝砂糖」といえばグラニュー糖を指します。

　ほかによく使われる砂糖は、完全に精製していない、もしくはグラニュー糖にモラセス（糖蜜）を加えた風味豊かな茶色い砂糖「ブラウンシュガー」。クリスマスのジンジャーブレッドには欠かせません。

　アイシングなどに使う「粉砂糖」も常備しておくと役立ちます。

3

探偵たちの
日常

Daily lives of amateur detectives

素人探偵たちが事件と向き合っているのは
ほんのわずかな時間だけ。
ほとんどの時間は、仕事や家族、
そして、自分のためのものだ。
そんな素人探偵の日常とともにあるのは、
気取りのないお菓子の数々。

> 探偵たちの
> 日常
> **3**
> クイック
> ブレッド

南部の朝のエネルギー源！

Biscuit and Gravy
ビスケット・アンド・グレイヴィー

アメリカ南部の朝食といえば、ビスケット。
グレイヴィーを添えたものは定番中の定番！

　見た目も材料も似ているので、混同されがちなアメリカのビスケットとスコーン。どちらもイギリス由来で、おもにベーキングパウダーや重曹などの膨張剤で膨らませる無発酵のクイックブレッドの仲間です。

　アメリカの小麦粉の中では比較的タンパク質含有量の低い南部の粉を使うビスケットの食感はふんわり。ほとんど甘さがなく、焼き立てを横に割り、バターや

ジャムを塗ったり、グレイヴィーやフライドチキン、生クリームやフルーツをはさんだりして食べるのが定番です。

　対するアメリカのスコーンはもう少し食感が重く、生地に卵が入ることもあります。チョコレートやドライフルーツなどさまざまな具材が入り、何もつけなくてよいほど甘いものが多いのも特徴。圧倒的にコーヒーと合わせることが多いけれど、もちろん紅茶とも好相性です。

99

ふんわり焼くには、生地をいじりすぎないことが大切。
ビスケットには、グレイヴィーだけでなく、
熱々の焼き立てにバターをはさんでもおいしい!

材料（直径7cmの丸型3個分）

〈ビスケット〉

A
薄力粉…120g
ベーキングパウダー…小さじ1
重曹…小さじ1/5
塩…小さじ1/5

バター（食塩不使用、冷たいもの。0.5cm角に切る）
…55g

B
牛乳（冷たいもの）…50g
プレーンヨーグルト（冷たいもの）…30g

〈ソーセージグレイヴィー〉

C
豚ひき肉…100g
塩…小さじ1/5
黒コショウ…少々
ドライセージ（細かくする）…小さじ1/5

バター（食塩不使用）…10g
薄力粉…10g
牛乳（人肌に温める）…240g

下準備

● 天板にオーブンペーパーを敷く。
● オーブンを230℃に予熱する。

POINT

● ビスケットは温かいうちがおいしい。冷めている場合は、オーブンやオーブントースターで温めてから使う。
● 残ったビスケットはラップで包み、保存袋に入れて冷凍保存する。食べるときは180℃に予熱したオーブンに約10分入れ、スイッチを切って余熱で中まで温める。

Biscuit and Gravy
ビスケット・アンド・グレイヴィー

探偵たちの
日常
3

クイック
ブレッド

作り方

1. 〈ビスケット〉ボウルに**A**をふるい入れる。バターを加えて、米粒大になる
までカードで切り込む。中央をくぼませ、**B**を混ぜ合わせたものを加えて、カー
ドで切るように混ぜる。ラップで包んで平らに整え、冷蔵庫で約1時間休ませる。

2. 打ち粉の強力粉（分量外）をふった台に取り出し、めん棒で厚さ2cmにのばし、
直径7cmの丸型で抜く。

3. 天板に間隔をあけて並べる。230℃のオーブンで約5分、200℃に下げてさら
に10〜12分焼く。裏が濃いきつね色になったら焼き上がり。網に取って冷ます。

4. 〈ソーセージグレイヴィー〉フライパンに**C**を入れて中火で炒める。油はひ
かなくてよい。火が通ったら、脂は残して肉だけ取り出す。

5. 4のフライパンにバターを入れて、弱火で溶かす（脂＋バターは大さじ1あればいいので、
脂が多ければバターを減らす）。薄力粉を加えて中火にし、シリコンベラ、または
ホイッパーで炒める。粉っぽさがなくなり滑らかになったら火を弱め、ダマ
にならないように牛乳を少しずつ加え、溶きのばす。4の肉を戻し入れてゆ
るいとろみがつくまで混ぜながら煮詰める。塩と黒コショウ（ともに分量外）
で味をととのえる。

6. 焼き立ての3を横半分に割って、器に下半分をのせる。5をたっぷりのせて、
上半分を添える。

> 探偵たちの
> 日常
> **3**
> クイック
> ブレッド

コーヒーとの相性抜群

Oat Scones
オートミールスコーン

**ジャムやクリームをつけなくてもおいしい、
ザクザクと軽快な食感のアメリカンスコーン。**

　アメリカには2種類のスコーンがあります。ひとつはイギリスの流れをそのままくんだ、ティールームで楽しむタイプ。甘さを抑えたスコーンにジャムやクロテッドクリームをたっぷりのせて、丁寧に淹れた紅茶といただきます。

　家庭では、レモン果汁で作るクリーム、レモンカードを添えて、紅茶に限らずコーヒーと楽しむスタイルも人気です。

　もうひとつはカフェで愛されているタイプ。具材が混ぜ込まれた甘いスコーンで、アイシングで仕上げることもしばしば。

　何もつけなくても十分おいしく、コクのあるコーヒーとの相性が抜群です。

　アメリカでは生地は型で抜くより、スプーンやアイスクリームスクープですくい落としたり、円盤状にのばした生地を放射状に切ったりするのが一般的。ここで紹介するレシピは量が少ないので、平行四辺形に形作っています。型抜きをするよりもずっと手軽なうえ、生地のムダも出ずに、まさにいいこと尽くめです。

生地に甘さがあるメープル風味のオートミールスコーン。
冷めてしまったら、
ぜひ温めてから召し上がれ。

材料（4個分）

〈スコーン〉

A ─ 薄力粉…90g
  ─ ベーキングパウダー…小さじ1+1/4
  ─ 塩…小さじ1/6

バター（食塩不使用、冷たいもの。0.5cm角に切る）
…65g

B ─ 牛乳（冷たいもの）…40g
  ─ メープルシロップ…25g
  ─ 卵…Mサイズ1/2個
  ─ クルミ（粗く刻む）…55g
  ─ オートミール…55g

〈アイシング〉

粉砂糖…45g
シナモンパウダー…小さじ1/5
牛乳…小さじ1+1/2

下準備

● クルミとオートミールは150℃に予熱したオーブンで約10分ローストする。
● 天板にオーブンペーパーを敷く。
● オーブンを230℃に予熱する。

Oat Scones
オートミールスコーン

探偵たちの
日常
3

クイック
ブレッド

作り方

1. 〈スコーン〉ボウルに**A**をふるい入れる。バターを加えて指先で潰し、手の
ひらをすり合わせるようにしてサラサラの状態にする。小豆大の粒が少し残っ
てもよい。中央をくぼませ、**B**を加えて、カードで切るように混ぜる。

2. ラップで包み、手で12×11cmの平行四辺形に整え、冷凍庫で30分から1時間、
切りやすいかたさになるまで冷やし固める。

3. 打ち粉の強力粉（分量外）を使いながら、包丁で三角形（底辺6×11cm）4個に
切り分ける。

4. 天板に間隔をあけてのせる。230℃のオーブンで18〜20分焼く。裏が濃い
きつね色になったら焼き上がり。網に取って冷ます。

5. 〈アイシング〉小さめのボウルに粉砂糖とシナモンパウダーをふるい入れ、
牛乳を加えてミニホイッパーで練る。艶が出て滑らかになればよい。かた
いようなら牛乳を数滴足す。

6. 粗熱が取れた**4**の上にスプーンで線状にかける。または絞り出し袋に入れ
て絞り出す。

ビスケット・アンド・グレイヴィーはここで登場！

〈ワニ町〉シリーズ1

ワニの町へ来たスパイ

ジャナ・デリオン著、島村浩子訳
（創元推理文庫／東京創元社）

アメリカ深南部の架空の町、シンフルで潜伏生活を送ることになったCIA秘密工作員のフォーチュン。早くも行きつけとなったカフェで朝食に注文したのはシンフル＝罪深き町の名にちなんだ5つのメニューのうち「セブン・デッドリー・シンズ（7つの大罪）」。「卵にベーコン、ソーセージ、ビスケット、グレービーソース、ポテト炒め、それにパンケーキ」という罪深き南部の朝食をしっかりお腹におさめ、巻き込まれた事件の自主捜査へと向かう。

解説

事件解決のため、頭と身体をフル稼働させるべく、朝からしっかりスタミナ補給！

　ビスケットはアメリカ南部の代表的な朝食です。バターやジャムを添えたり、チョコレートのグレイヴィーを添えたり、フライドチキンをはさんだりと、さまざまな楽しみ方があります。

　なかでも人気が高いクラシカルな食べ方は、ホワイトソースのような白いグレイヴィーを添えるビスケット・アンド・グレイヴィーです。

　グレイヴィーは、豚ひき肉に塩、コショウ、スパイスやハーブを混ぜた「ブレックファスト・ソーセージ」と呼ばれる、腸詰めにしていない生ソーセージを炒め、出てきた脂で小麦粉を炒め、牛乳でのばして作ります。

　日本では豚ひき肉を使えば、同じように仕上がります。

　グレイヴィーはもともと、調理後に残った脂で作る経済的なソースです。味がよくて高カロリーで、一日のはじまりのエネルギーチャージにぴったりです。

106

オートミールスコーンはここで登場！

〈お茶と探偵〉シリーズ 14

スイート・ティーは花嫁の復讐

ローラ・チャイルズ著、東野さやか訳
（コージーブックス／原書房）

　アメリカ南部、サウスカロライナ州のチャールストンで、ティールーム「インディゴ・ティーショップ」を営むセオドシア・ブラウニング。巻き込まれた事件の推理を進めながらも日々店の仕事をこなす。ハイランダーズ・クラブから依頼を受けたスコットランドのお茶会で、同店のシェフ兼パティシエが提案したのは、スコーン、またはオートミールのケーキだが、当日、そのパティシエが焼いてきたのはバタースコッチチップ入りのオートミールのスコーンだった。

解説

スコットランドのお茶会では、オートミールを使うスコーンやケーキが大人気。

　ハイランダーズとは、スコットランドのハイランド地方に住む人々のことです。ハイランダーズ・クラブからお茶会の依頼を受けて用意したのは、スコットランドの伝統的な焼き菓子であるショートブレッドや、オートミールのスコーンでした。
　当初パティシエが提案した「オートミールのケーキ」とは、スコットランドで古くから食べられてきたオートミールのクラッカーの一種であるオートケーキのことです。パティシエが焼いたスコーンは、これにひねりを利かせたものです。
　このお茶会は、2つの焼き菓子のほかに、スープにサラダ、ティーサンドイッチ、カップケーキ、そしてもちろん紅茶もテーブルセッティングもテーマを反映してスコットランド一色でした。
　セオドシアは事件で頭がいっぱいでしたが、有能な仲間たちが完璧なお茶会の準備を整えてくれたようです。

探偵たちの日常

3

クッキー

みんな大好き！

Chewy Chocolate Chip Cookies
チョコレートチップクッキー

一家言ある人がやたらと多い！
愛すべき、実にやっかいなクッキー。

　間違いなく全米一愛されているクッキーです。1930年代に北東部マサチューセッツ州の宿屋で誕生し、考案者と契約を結んだネスレ社が、同社のチョコレートチップのパッケージにそのレシピを載せたことで全米に広まり、国民的クッキーにまでなりました。

　作り方はいたってシンプル。

　バターなどの油脂と砂糖、卵と粉を混ぜた生地に、チョコレートチップを（ときにはクルミも）たっぷり加え、天板にす

くい落として焼き上げます。

　オーブンから出したばかりの熱々でまだやわらかいクッキーは、アメリカの日常の象徴。素人探偵が活躍するミステリに登場する率も高まるわけです。

　こだわりのある人が多いクッキーですが、もっとも好みが分かれるのは「カリッと香ばしくクリスピーに焼き上げる」か「ソフトで"もっちり＝chewy（チューイー）"に焼き上げる」か。

　さて、あなたはどちらが好み？

109

ソフトで"もっちり＝chewy（チューイー）"な
チョコレートチップクッキー。
焼き時間を長くすれば、クリスピーに焼き上がる。

材料（直径10cm6個分）

バター（食塩不使用）…75g
ブラウンシュガー、またはきび砂糖…70g
グラニュー糖…40g
卵黄…Mサイズ1個分
卵白…10g分
バニラオイル…少々
A ┌ 薄力粉…125g
　├ 重曹…小さじ1/4
　└ 塩…小さじ1/6
チョコレート（カカオ分70％程度。1cm角に刻む）
　…80g
クルミ（ローストして細かく刻む）…80g

下準備

- 天板にオーブンペーパーを敷く。
- オーブンを170℃に予熱する。

Chewy Chocolate Chip Cookies
チョコレートチップクッキー

探偵たちの
日常
3

クッキー

作り方

1. ボウルにバターを入れて湯せんにかけ、溶けたら湯せんからはずす。人肌に冷めたらブラウンシュガーとグラニュー糖を加えて、ホイッパーで滑らかになるまで混ぜる。卵黄、卵白を加えて、すり混ぜる。バニラオイルを加えて混ぜる。

2. Aをふるい入れ、シリコンベラで練らないように混ぜる。粉が残っているうちに、チョコレートとクルミを加えて混ぜる。

3. 天板にスプーン2本、またはアイスクリームディッシャーを使って6等分し、間隔をあけてのせる。指先に水少量を付けて直径約6cmに整え、中央を少しくぼませる。

4. 170℃のオーブンで16〜18分焼く。周囲に香ばしい焼き色がつき、中心はやわらかい状態で、網に取って冷ます。

チョコレートチップクッキーはここで登場！

〈家事アドバイザーの事件簿〉シリーズ1

感謝祭は邪魔だらけ
クリスタ・デイヴィス著、島村浩子訳
（創元推理文庫／東京創元社）

ワシントンD.C.にほど近い古都アレクサンドリアで、離婚後は犬のデイジーと暮らすイベントプランナーのソフィ・ウィンストン。事件でヘトヘトになりながらもごちそうの準備を進める感謝祭前日。夜中の12時過ぎに突然やってきた元義母のリクエストを受け、ソフィは冷凍していたチョコレートチップクッキーの生地を取り出してきて、オーブンで焼き始める。

解説

焼き立て熱々が最高とはいえ、元義母のわがままに応じるのは、是か非か……。

　事件に振り回されてクタクタのソフィが、真夜中過ぎまで感謝祭のごちそうを作っているだけでも心配になりますが、そこに突然の元義母の訪問。さらには焼き立てのチョコレートチップクッキーという、正気とは思えないリクエストまでしてきます。

　気絶しかねない状況ですが、ソフィはなんと当たり前のようにクッキーを焼いてあげるのです（生地を冷凍していたのは不幸中の幸い）。さらには泊まりにきていたソフィの両親までもが起きてきて、お茶を淹れ、暖炉に薪をくべてくれます。どれだけ寛容なのでしょうか。

　元義母のことはさておき、チョコレートチップクッキーは焼き立てが格別おいしいのはたしかです。ソフィのように生地を冷凍しておけば、いつでも焼き立てを楽しめます。

〈大統領の料理人〉シリーズ１

厨房のちいさな名探偵

ジュリー・ハイジー著、赤尾秀子訳
（コージーブックス／原書房）

舞台はアメリカ合衆国大統領とその家族が暮らすホワイトハウス。図らずも事件に巻き込まれたホワイトハウスの料理人、オリヴィア（オリー）・パラスは、料理人としての仕事の合間にこっそり事件を捜査する。公私ともに張り詰めた日々を癒やしてくれるのは、大好物のクリスプ・トリプル・チョコレートチップ・クッキー。事件に首を突っ込みすぎたオリーの元に午前３時にやってきた、隣人の年配のご婦人にふるまったのもこのクッキーだ。

解説

真夜中なのに２枚も！　ミルク、ダーク、ホワイトの魅惑的なトリプル・チョコレートチップ・クッキー。

　オリーは、突然の深夜の訪問客が所望したお茶を、水を入れたマグカップを電子レンジで温めて、ティーバッグを浸して用意しました。
　食にはこだわりがあるはずのホワイトハウスの料理人とはいえ、午前3時に丁寧にもてなすのは難しかったのでしょう。
　ご婦人は不満げでしたが、実のところアメリカでは、電子レンジを使ってお茶を用意するのはさして珍しくもなく、さらにいえば飲みかけのコーヒーやお茶が冷めればマグカップを電子レンジに入れて温め直すのもよくあることです。
　お茶には文句ありげだったご婦人ですが、ティータイム向きとは思えない時間に少なくとも2枚をその場で食べて、帰りがけにひと握りつかんでいったくらいには、オリーのお手製クッキーはお気に召した様子です。

> 探偵たちの日常
> **3**
> ケーキ

シンプルな焼き菓子

Vanilla Pound Cake
バニラパウンドケーキ

**パウンドケーキといえば、アメリカでは南部のデザート。
コーヒーと一緒に味わうのが定番。**

パウンドケーキというと、バターに砂糖、卵、それから小麦粉がそれぞれ1パウンド（約453ｇ）ずつ入るヨーロッパの伝統的な菓子として知られますが、アメリカではパウンドケーキといえば南部の菓子。南部のパウンドケーキには、上記に加えて牛乳などの水分が入り、しっとりとしているのが特徴です。

人が集まるシーンが多い南部では、身近な材料で作れ、大勢でも切り分けやすい菓子は特に支持されてきました。

シンプルすぎるほどシンプルですが、とても愛されている焼き菓子で、コーヒーとは相性抜群。

バニラやナツメグで香りづけするほか、サワークリームやレモン果汁を加えて、コクや酸味を利かせるのも人気です。そのままで、または軽く粉砂糖をふって食べるほか、アイシングをかけたり、フルーツを添えたりして楽しみます。

バント型、またはローフ型(パウンド型)で焼き上げる
しっとりとしたバニラ風味のパウンドケーキに、
爽やかなレモンのアイシングをたっぷりかけて。

材料（直径20×高さ7cmのバント型1台分）

〈パウンドケーキ〉
バター(食塩不使用。室温)…165g
グラニュー糖…150g
卵(室温)…Mサイズ3個
バニラオイル…少々
A ┌ 薄力粉…180g
　├ ベーキングパウダー…小さじ1/3
　└ 塩…小さじ1/4
牛乳(室温)…70g

〈アイシング〉
粉砂糖…60g
レモン果汁…小さじ2

下準備
- 型に薄くバター(分量外)を塗り、強力粉(分量外)をはたく。
- オーブンを180℃に予熱する。

POINT
- 型底20×8×高さ8cmのパウンド型でも焼くことができる。

Vanilla Pound Cake
バニラパウンドケーキ

探偵たちの
日常
3

ケーキ

作り方

1. 〈**パウンドケーキ**〉ボウルにバターを入れて、ホイッパーで空気を含ませるように混ぜる。グラニュー糖を加えて混ぜ、溶いた卵を数回に分けて加え、その都度よく混ぜる。バニラオイルを加えて混ぜる。

2. **A**の半量をふるい入れて、シリコンベラで練らないように混ぜる。粉が少し残った状態で、牛乳を加えて混ぜる。残りの**A**をふるい入れて混ぜる。

3. 型に入れてシリコンベラで縁高に整える。180℃のオーブンで約45分、串を刺して生の生地が付かなくなるまで焼く。約20分粗熱を取る。型からはずして網に取り、完全に冷ます。

4. 〈**アイシング**〉小さめのボウルに粉砂糖をふるい入れ、レモン果汁を加えてミニホイッパーで練る。艶が出て滑らかになればよい。かたいようならレモン果汁を数滴足す。

5. **3**の上にスプーンで回しかける。固まってから切り分ける。

> パウンドケーキはここで登場！

〈ワニ町〉シリーズ 1

ワニの町へ来たスパイ

ジャナ・デリオン著、島村浩子訳
(創元推理文庫／東京創元社)

アメリカ南部、ルイジアナ州の架空の町シンフルで潜伏生活を送るCIA秘密工作員のフォーチュン。抱腹絶倒の大立ち回りの後に逃げ込んだ仲間の家で、空腹に耐えかねて焼き菓子をリクエストする。タイミングよく焼き上がっていたパウンドケーキをコーヒーと一緒にたっぷり楽しむ。

▍解説

大きく切ったパウンドケーキをお代わり！
ハードな事件の捜査で、その分のカロリーを消費。

　南部での新たな生活がはじまったフォーチュンは、めくるめく南部の食事の魅力に抗えず、いつもお腹いっぱい食べてしまいます。このときも大きく切ったパウンドケーキをお代わりまでしています。

　南部の料理といえば、おいしいけれどハイカロリーなことで知られます。たくさん食べた後はカロリー消費が必須なので、次々とハードな事件に巻き込まれるのは、むしろフォーチュンには好都合なのかもしれません。

　特に南部の集まりに欠かせないパウンドケーキは、特別な材料が必要なく、砂糖をたっぷり入れれば日持ちもします。シンプルで誰でも作れるとあって、ケーキは店で買うものではなく、家で作るものというのが当たり前だった時代を偲ばせます。

〈ルーシー・ストーン〉シリーズ2

トウシューズはピンクだけ

レスリー・メイヤー著、髙田恵子訳
（創元推理文庫／東京創元社）

　北東部メイン州の架空の田舎町、ティンカーズコーヴで夫と3人の子どもと暮らすルーシー・ストーン。妊娠6ヵ月の現在、一時仕事を辞めて主婦業に専念しているルーシーは、事件に巻き込まれた友人のために自主捜査を進める。そんな中、参列した葬儀の後に、甘いシェリー酒とパウンドケーキをふるまわれる会葬者の列に加わった。

解説

甘いシェリー酒とパウンドケーキは、葬儀の参列者たちの悲しみを癒やしてくれる。

　このとき実際に用意されていたのは、黒と白の2色のケーキを市松模様に並べた手の込んだケーキでしたが、ティンカーズコーヴでは、会葬者にパウンドケーキと甘いシェリー酒をふるまうのが慣例のようです。

　アメリカでは葬儀の後にふるまう食べものを"funeral food（フューネラル・フード）＝葬式の食べ物"と呼びます。ティンカーズコーヴは北東部の町ですが、パウンドケーキは特にアメリカ南部のフューネラル・フードとして知られます。

　身近な材料で手軽に作れるうえに、味に癖がなく、多くの人に愛される。薄くも厚くも切り分けやすく、多数の会葬者にも対応できます。さらに持ち運びしやすく、かつてのように近所の人たちが持ち寄るにしても、現在のようにケータリングするにしても、フューネラル・フードに適したケーキなのです。

探偵たちの
日常
3
ケーキ

日常を華やかにする

Coconut Layer Cake
ココナッツレイヤーケーキ

周囲のココナッツが豪華さを演出。
特別感が漂う、アメリカ南部の定番デザート。

アメリカ南部で愛されてきたこのケーキは、水分が多めのしっとりとしたケーキ生地を何枚も焼き、フロスティングをはさんで層に重ね、周囲にココナッツをたっぷりまぶしつけて仕上げます。

アメリカで広く親しまれるようになった現在は、卵白を湯せんにかけながら泡立てる古風な「セブンミニッツフロスティング」にはじまり、レモンカードやラズベリージャムをはさむもの、クリームチーズ、レモンやココナッツ風味のフロスティ

ングで仕上げるものなど、さまざまなスタイルで楽しまれていますが、どれも周囲にココナッツをまぶしつけるのは共通です。

アメリカでは"層＝レイヤー"に重ねるレイヤーケーキを作るとき、ケーキ型を何台も用意して薄いケーキを焼いて重ねるのが一般的。しかし、キッチン事情が異なる日本では、1台のケーキ型で高さのあるケーキを焼き、横にスライスして使うのが現実的です。

ココナッツレイヤーケーキの間にはさむジャムは
ラズベリーのほかにはアンズなど、
酸味のあるタイプがよく合う。

材料（直径15cmのケーキ1台分）

〈ケーキ〉
バター（食塩不使用。室温）…80g
グラニュー糖…110g
卵（室温）…Lサイズ1個
レモンの皮（国産無農薬。すりおろす）…小1/2個分
バニラオイル…少々
A ┌ 薄力粉…125g
  │ ベーキングパウダー…小さじ1
  │ 重曹…小さじ1/4
  └ 塩…ひとつまみ
牛乳（室温）…70g
レモン果汁（室温）…30g

〈フロスティング〉
バター（食塩不使用。室温）…100g
粉砂糖…100g
レモン果汁…15g
レモンの皮（国産無農薬。すりおろす）…小1/2個分

〈仕上げ〉
ラズベリージャム…80g
ココナッツロング…40g

下準備

● 型の底と側面にオーブンペーパーを敷き込む。
● オーブンを180℃に予熱する。

Coconut Layer Cake
ココナッツレイヤーケーキ

探偵たちの
日常

3

ケーキ

作り方

1. 〈ケーキ〉ボウルにバターを入れて、ホイッパーで白っぽくなるまで混ぜる。グラニュー糖を加えて、ふんわりするまで泡立てる。溶いた卵を数回に分けて加え、その都度よく混ぜる。レモンの皮とバニラオイルを加えて混ぜる。

2. **A**の3/4量をふるい入れて、シリコンベラで練らないように混ぜる。粉が見えなくなったら、牛乳とレモン果汁を加えて混ぜる。残りの**A**をふるい入れて練らないように混ぜる。粉が見えなくなればよい。ダマがあってもよいので、混ぜすぎない。

3. 型に入れてシリコンベラで縁高に整える。180℃のオーブンで30〜35分、串を刺して生の生地が付かなくなるまで焼く。焼き縮みを防ぐため、布巾の上に型を一度ストンと落とす。約10分休ませ、ペーパーごと型からはずし、網に取って冷ます。やわらかく崩れやすいので気をつける。完全に冷めたら、横3等分に切る。

4. 〈フロスティング〉ボウルにバターを入れて、ホイッパーでふんわりするまで泡立てる。粉砂糖を加えて再度泡立て、レモンの果汁と皮を加えて混ぜる。

5. 〈仕上げ〉**3**のケーキ1枚の表面に、縁から1.5cmほど残して、ラズベリージャムの半量をスパチュラで塗り広げる。その上から**4**をそっと薄く塗り広げる。ジャムが引っ張られないように慎重に。ケーキをもう1枚重ねて、同じことを繰り返す。もう1枚重ねて表面全体に**4**を薄く塗り広げ、全体にココナッツロングをまぶしつける。よく冷やしてからカットするときれいに切れる。

ココナッツレイヤーケーキはここで登場！

〈お菓子探偵〉シリーズ 23

ココナッツ・レイヤーケーキはまどろむ

ジョアン・フルーク著、上條ひろみ訳
（mirabooks／ハーパーコリンズ・ジャパン）

アメリカ中西部ミネソタ州の架空の町、レイク・エデンでベーカリー兼コーヒーショップを営むハンナ・スウェンセン。ストレスから体調を崩し、休暇を取って友人の住むロサンゼルスで気分転換をしていたところ、町で事件が起きたと連絡が入る。事件に巻き込まれた人のそばにあったのは、ハンナの店のココナッツ・レイヤーケーキだった。

解説

濃厚で風味豊か、ゴージャスなレイヤーケーキは、事件解決の糸口になるのか！？

　ハンナが読者のために載せているココナッツ・レイヤーケーキのレシピは、市販のホワイトケーキミックスに、粉末のココナッツプディングミックスやホワイトチョコチップ、パイナップルなどを加えて焼き上げた具沢山のケーキ生地を、ココナッツ・レモン風味のフロスティングで層に重ねる豪華なもの。濃厚で風味豊かで、食べ応えたっぷりです。
　アメリカの家庭では（ときにはベーカリーでも）、ケーキミックスを使うのは珍しいことではなく、ハンナが読者のために公開するレシピにも、市販のミックス粉が多用されます。
　こだわりたい人は一から手作りすればいいし、お菓子作りが苦手だったり忙しかったりする人は市販品を活用すればいい。そんな気軽さも、アメリカの菓子作りのハードルを低くしているようです。

〈シャム猫ココ〉シリーズ

猫はスイッチを入れる

リリアン・J・ブラウン著、羽田詩津子訳
(ハヤカワ・ミステリ文庫／早川書房)

　新聞記者のジム・クィラランがシャム猫のココとヤムヤムと移り住んだ貸間の持ち主であるコブ夫人は料理上手で、しかもそれを人に食べさせることに喜びを感じる人だ。コブ夫人のお得意のデザートで彼女の夫、それにクィラランの好物でもあるのがココナッツケーキ。夫人から夕食の招待を受けて返事をためらっていたクィラランが、デザートはココナッツケーキだと聞くや否や、伺うと即答するのだった。

解説

招かれた夕食のデザートは、おそらくアプリコットフィリングの3段のレイヤーケーキ。

　料理上手のコブ夫人が作るココナッツケーキは、相当クィラランのお気に入りだったと見えて、同シリーズでこの後もたびたび登場します。このシリーズにはおいしそうな食べ物がとにかくよく出てきて、なかでもコブ夫人の作るものはどれもクィラランを激しく魅了します。
　部屋の下見に来たときに、焼き立て熱々のパイをふるまわれてからずっと、クィラランはコブ夫人の手料理の魅力には抗えないのです。
　ここではココナッツケーキの詳細は書かれていませんが、他の巻と同じものだとすれば、オーソドックスな3段のレイヤーケーキで、アプリコットのフィリングを間にはさんだものでしょう。コブ夫人がいつもそうしてくれるように、おいしいコーヒーを淹れて楽しみましょう。

濃厚で濃密だから、いい！

Fudgy Brownies

とろりと濃厚な
ブラウニー

ケーキのようなタイプではなく、滑らかな
チョコレートファッジのようなブラウニーが最上！

　アメリカを代表する焼き菓子のひとつ、ブラウニーには、チョコレートだけではなく、糖蜜風味のもの、さらには派生形のバタースコッチ風味の「ブロンディ」などもあります。

　現在のようなブラウニーは、一説には1893年にシカゴ万国博覧会で提供するために、中西部イリノイ州シカゴのホテル「パーマー・ハウス・ヒルトン」が作ったのがはじまりといわれます。

　ホテルが公開している当時のままというレシピは、溶かしたバターにチョコレートと卵、砂糖、バニラ、それからほんの少しだけ小麦粉を加えた生地に、クルミをのせて焼き上げ、仕上げにアプリコットジャムで艶を出すというもの。

　ケーキのようにふっくらとしたブラウニーは好まれず、"dry＝乾きすぎ"とか"cakey＝ケーキっぽい"などと揶揄されがちです。

　人々を魅了するブラウニーは、このホテルのもののように濃厚で濃密。ひと切れ食べるのに、コーヒーがたっぷり1杯は必要です。

ブラウニーには、ビターなチョコレートをたっぷり使って。
外はカリッと、
なかはとろりと焼き上げる。

材料（15×15cmの角型1台分）

チョコレート（カカオ分65%。細かく刻む）…100g
バター（食塩不使用。室温）…45g
グラニュー糖…50g
卵（室温）…Mサイズ1個
バニラオイル…少々
A ┌ 薄力粉…25g
  └ 塩…ひとつまみ
クルミ（ローストして粗く刻む）…80g
好みで市販のオレンジシロップ煮…4枚
好みでアンズジャム…適宜

下準備

● 型にオーブンペーパーを敷く。
● オーブンを170℃に予熱する。

POINT

● カカオ分の低いチョコレートを使うと、とても甘くなるので注意。
● 粗熱が取れたら型のまま冷蔵庫でしっかり冷やすと、きれいに切れる。切る際は1回ごとにナイフをふく。

Fudgy Brownies
とろりと濃厚なブラウニー

探偵たちの
日常
3
バー

作り方

1. ボウルを2つ用意して、それぞれにチョコレートとバターを入れて湯せんにかけて溶かす。チョコレートのボウルに溶かしたバターを加える。ホイッパーで静かに混ぜる。粗熱が取れたらグラニュー糖を加えてすり混ぜ、溶いた卵を加えてすり混ぜる。バニラオイルを加えて混ぜる。

2. Aをふるい入れ、シリコンベラで練らないように大きく混ぜる。粉が残っているうちに、クルミを加えて滑らかになるまで混ぜる。

3. 型に入れて、表面を平らにならす。好みでキッチンペーパーで軽く水気をふいたオレンジシロップ煮をのせる。

4. 170℃のオーブンで13〜15分焼く。表面がカリッとした状態になれば焼き上がり。中はとろりとしているので、型ごと網に取る。完全に冷めてから、型からはずす。

5. 好みで湯せんにかけてゆるめたアンズジャムを、表面にハケで塗る。

ブラウニーはここで登場！

〈ワニ町〉シリーズ2

ミスコン女王が殺された

ジャナ・デリオン著、島村浩子訳
（創元推理文庫／東京創元社）

バイユー（アメリカ南部の濁った川）が流れるルイジアナ州の架空の町シンフルで潜伏生活を送るCIA秘密工作員のフォーチュン。町に到着してから1週間経たずして、2つ目の事件に巻き込まれそうな予感を抱き、寝ずに対策を進める。ブラウニーを食べきってしまった午前2時、仲間に電話をかけると新しいものを焼いて届けてくれた。

解説

午前2時に届いた、焼き立てのブラウニー。徹夜の事件対策に新たな展開が期待できそう。

　仲間が夜中の2時にブラウニーを焼いて届けてくれたことには感謝しつつも、カフェ店員の友人が焼いたものほどおいしくはなかったと、フォーチュンは心の中で呟きます。

　聞き捨てなりませんが、これはフォーチュンが自己分析しているとおり、夜通しブラウニーを食べ、コーヒーを飲み続けた結果、常識が完全に欠如した状態だったからのようです。

　味のことだけいえば、この友人は焼き菓子専門のパティシエを目指すほどの腕前。実際のところ、フォーチュンや仲間たちはその腕前に一目置いている、という前提があることも付け加えておきます。

　この〈ワニ町〉シリーズでは、老若男女、みんなとにかくよく食べ、よく飲みます。彼らのとんでもないエネルギーの源が食にあるのは間違いなさそうです。

〈シャム猫ココ〉シリーズ

猫はスイッチを入れる

リリアン・J・ブラウン著、羽田詩津子訳
（ハヤカワ・ミステリ文庫／早川書房）

　新聞記者のジム・クィラランがシャム猫のココとヤムヤムと移り住んだ貸間の持ち主は、料理上手なコブ夫人。記事執筆中のクィラランが誘惑されたアニスとバター、それからチョコレートの香りの正体は、夫人が焼いたチョコレート・ブラウニーだった。夫人はクリスマス用に焼いたそのお菓子にコーヒーを添えて、クィラランの部屋へやってきた。

解説

オーブンから取り出したばかりのブラウニーには、新聞記者のイライラを抑える効果あり!?

　記事執筆中に邪魔が入りいらだったクィラランですが、お盆の上の、クルミと粉砂糖で飾ったチョコレート・ブラウニーを見て態度を和らげます。オーブンから取り出したばかりのまだ温かいブラウニーにはクルミがたっぷり入っていたようです。
　濃厚に違いないこのブラウニーをコーヒーと合わせたら、と想像するだけでたまりません。
　コブ夫人がやってくる少し前に、クィラランはバターやチョコレートの香りと共にアニスの香りが漂ってきたことに気付いています。夫人が「クリスマス用にお菓子を焼いていたんです」と話していることから、夫人は何種類ものお菓子を焼いていて、アニスはブラウニーではなく、ほかの焼き菓子の風味付けに使われた可能性もありそうです。

Column 3

「手作り」のハードルを下げる、お助けアイテム

衛生面さえしっかりしていれば……

　アメリカの人はよく菓子作りをします。菓子作りが得意な人もそうでない人も、自分のために家族のために友だちのために、それからコミュニティのために、実によく菓子を作ります。

　みんな時間に余裕があるわけではないのに、なぜそんなことが可能なのかというと、「手作り」のハードルをむやみに上げないからでしょうか。
　一から手作りとか見栄え良くとか、そんなことを気にしていたら誰もが菓子を手作りする文化にはなりえません。衛生面さえしっかりしていれば、クッキーの形が揃っていなくても、煌(きら)びやかな仕上がりでなくても、なんの問題もありません。

　手作りのハードルを上げないためには、まずは簡単なメニューを選ぶこと。シンプルなカップケーキやマフィンはその代表です。

ミックス粉や冷凍生地、プディングの素は常備品!?

　それからお助けアイテムとして、ミックス粉や冷凍生地などの市販品を上手に活用すること。一から手作りしたい人はそうすればいいし、そうでない人は無理せず市販品を活用すればよいという考え方です。

　たとえば子どものバレンタインデーの集まりで菓子を作る必要があるとき。ミックス粉を使ってカップケーキを焼き、市販のフロスティング（仕上げに塗るクリームやアイシングの類）を塗り広げてハートのチョコレートやスプリンクルをちりばめればできあがり。
　パイを作るにしても、冷凍パイ生地や空焼きしたグラハムクラッカー生地を使えば、だいぶ気楽。
　プロフェッショナルのベイカーである〈お菓子探偵〉シリーズ（ジョアン・フルーク著）に載るレシピにも、躊躇なく市販のケーキミックスやプディングの素が使われています。

犯人は誰？

Who did it?

難事件につまずく探偵たち。
どんなに考えても、動き回っても、
答えがちっとも見つからない……。
だから、捜査でぐったり疲れたときや、
新たなひらめきを得て謎に立ち向かうとき、
おいしいお菓子で気分転換。

犯人は誰?

4

揚げ菓子

リンゴの香り漂う

Apple Cider Donuts
アップルサイダー
ドーナッツ

**朝食やデザートとして老若男女に愛される、
アメリカの日常に欠かせない揚げ菓子。**

アメリカの屋外イベントには揚げ菓子がつきものですが、日常的に家庭で楽しむ揚げ菓子となると、種類はそれほど多くはありません。

唯一の例外はドーナッツで、朝食にもおやつにも欠かせない存在。ドーナッツのないアメリカの日常なんて考えられません！

ドーナッツの種類は大きく分けて2種類あります。

パンのように発酵させるふんわりとした軽い食感のものと、ベーキングパウダーのような膨張剤で膨らませる、オールドファッションスタイルのどっしりとした食感のものです。

後者はケーキドーナッツとも呼ばれ、揚げずに焼くスタイルも人気です。

味や食感、仕上げ方はそれこそ星の数ほどありますが、秋の風物詩として人気が高いのは、しぼりたての無濾過のリンゴジュース「アップルサイダー」を使うアップルサイダードーナッツです。

**リンゴが旬の秋ならではのアップルサイダードーナッツ。
丸く抜いたドーナッツの穴
「ドーナッツホール」も忘れずに揚げたい。**

材料（直径6cmの丸型と直径2cmの丸型各5個分）

リンゴジュース（果汁100％）…200g
バター（食塩不使用。室温）…20g
ブラウンシュガー、またはきび砂糖…25g
卵…Mサイズ1/2個
A ┌ 薄力粉…125g
  │ ベーキングパウダー…小さじ1＋1/2
  │ シナモンパウダー…小さじ1/2
  └ 塩…多めのひとつまみ
揚げ油…適量

〈仕上げ〉
仕上げ用グラニュー糖…50g
仕上げ用シナモンパウダー…小さじ1/2

POINT
● 生地が破裂して火傷するおそれがあるので、砂糖とベーキングパウダーの量は減らさない。

Apple Cider Donuts
アップルサイダードーナッツ

犯人は誰?
4

揚げ菓子

作り方

1. 小鍋にリンゴジュースを入れて中火にかけ、1/3強の量になるまで煮詰める。使うのは60g分。ボウルに入れて、足りなければリンゴジュースを足す。バターを加えてホイッパーで混ぜて溶かし、ブラウンシュガー、卵を順に加えて混ぜる。

2. 人肌に冷めたら、**A**を合わせてふるい入れ、シリコンベラで練らないように混ぜる。ラップで包んで平らに整え、冷蔵庫で約1時間休ませる。

3. 手粉に強力粉(分量外)を使いながら、厚さ1.2cmにのばし、直径6cmの丸型で抜き、その真ん中を直径2cmの丸型で抜く。ドーナッツ穴の丸い部分も揚げる。

4. 鍋に揚げ油を入れて中火にかける。165℃になったら、火傷に注意して**3**を静かに入れる。香ばしい色が付いたら、裏返してもう片面も揚げる。

5. 〈仕上げ〉すぐに仕上げ用のグラニュー糖とシナモンパウダーを合わせたものを全体にまぶしつける。

ドーナッツはここで登場！

〈ドーナツ事件簿〉シリーズ5

誘拐されたドーナツレシピ

ジェシカ・ベック著、山本やよい訳
（コージーブックス／原書房）

　南東部ノースカロライナ州の小さな町エイプリル・スプリングズで、ドーナッツショップ「ドーナツ・ハート」を営むスザンヌ・ハート。友人のために事件の自主捜査を進める中で、大切にしていたレシピノートを失い呆然とする。レシピノートなしでドーナッツ作りを試みるが、1/3は失敗してしまう。

解説

早朝にオープンして、正午に閉店するドーナッツショップの人気レシピ。

　アメリカでは、たいていの人はドーナッツを朝食に楽しむので、「ドーナツ・ハート」は朝早く開き、正午には閉店します。

　開店前の早朝にレシピノートの紛失に気付いたスザンヌたちは、記憶の糸をたぐりながらレシピの復元を試みますが、1/3は失敗してしまいます。お店にとっては死活問題です。

　ノートは戻ってくるのでしょうか？

　ノートがなくなる前のものか、それとも戻ってきたのか。スザンヌは読者のためにレシピを公開してくれています。そのひとつが「アップルジュースドーナツ」。リンゴの季節にだけ飲める、しぼりたての無濾過のリンゴジュース「アップルサイダー」ではなく、一般的なリンゴジュースで作れるそう。

　ここで紹介したレシピもリンゴジュースで作れますが、リンゴの風味をしっかり出すため、煮詰めてから使うのがコツです。

〈シャンディ教授〉シリーズ2

蹄鉄ころんだ

シャーロット・マクラウド著、髙田恵子訳
（創元推理文庫／東京創元社）

　北東部の農業大学の町、バラクラヴァで妻と2人で暮らすピーター・シャンディ教授。町で起こった事件の捜査協力が一段落し、お腹を空かせて帰宅した教授が見たのは大量のドーナッツを揚げる妻とその友人。捜査協力にかり出されたたくさんの人たちが様子を聞きに立ち寄る度に、揚げ立てのドーナッツとコーヒーをふるまっているのだという。

解説

手作りの揚げ立てドーナッツで、捜査の合間にエネルギーをチャージして。

　シャンディ教授が帰宅したとき、妻と友人は既に37人もの人にドーナッツとコーヒーをふるまった後だったにもかかわらず、まだドーナッツを揚げ続けていました。
　ミキシングボウルから取り出したドーナッツの生地を、友人はめん棒で手際よくのばし、ドーナッツカッターを使って、タップダンスのようなリズミカルな音を立てながら手際よくくりぬいていきます。油切り網の上にのせられた揚げ立ては、きつね色でいかにもカリッと香ばしそうです。
　なかには疲れ果てた様子で複数回立ち寄った人もいたようですが、手作りドーナッツのおかげでなんとか捜査を続ける気力が戻ったよう。
　アメリカでは誰もが子どもの頃から慣れ親しんでいるドーナッツには、抜群の癒やし効果が備わっているのです。

カスタードクリーム＋生クリームの妙

Banana Cream Pie
バナナクリームパイ

**アメリカンパイの中でも、熱烈なファンが多い
クリームパイの代表選手。**

　数限りなくあるアメリカンパイについて知りたくなったら、フィリング別に理解するのが近道です。

　まずはアップルパイのようなフルーツが主役の「フルーツパイ」。果物の自然な甘さを生かした爽やかな風味で愛されています。

　そして、パンプキンパイのような、卵と牛乳をベースにしたカスタード状の液体を流し込んで焼き上げる「カスタードパイ」。派手さはありませんが、しみじみと味わい深いパイです。

　さらに、冷凍庫で冷やし固める「アイスクリームパイ」。作り置きしやすく、忙しい人にも人気です。

　それから、熱烈なファンが多いのが「クリームパイ」。空焼きしたパイ生地に、カスタードクリームやプディングを敷き込み、その上に泡立てた生クリームをたっぷりのせたもの。バナナとカスタード、生クリームを重ねるバナナクリームパイはその代表です。

クリームパイに入れるバナナは、
均一にスライスして断面の美しさを意識しても、
大きめにカットして食感を楽しんでも。ご自由に！

材料（内径21cmのパイ皿1台分）

パイ生地(30〜31ページ参照)…1台分
バナナ(ひと口大に切る)…中3本

〈カスタードクリーム〉

牛乳…300g
グラニュー糖…60g
卵黄…Mサイズ3個分
薄力粉…30g
バニラオイル…数滴

〈生クリーム〉

生クリーム(乳脂肪分40%以上)…200g
グラニュー糖…10g
好みでココナッツロング(香ばしく炒る)…10g

Banana Cream Pie
バナナクリームパイ

犯人は誰?
4
パイ

作り方

1. パイ生地は30〜31ページの手順通りに空焼きして、網に取る。

2. 〈カスタードクリーム〉ボウルに卵黄を入れて、ホイッパーで白っぽくなるまで混ぜる。分量のグラニュー糖のうち半量を加えて、手早く混ぜる。薄力粉をふるい入れ、もったりするまで混ぜ、バニラオイルを加える。

3. 小鍋に牛乳と残りのグラニュー糖を入れて中火にかける。沸騰直前になったら、**2**に少しずつ加えてホイッパーで混ぜる。きれいに洗った小鍋にストレーナーで漉し入れる。

4. **3**を中火にかけ、ホイッパーで絶えず混ぜる。とろみがついてきたら一度火から下ろして手早く全体を混ぜ、滑らかになったら再度混ぜながら火にかける。フツフツと沸いてきたら火からおろす。

5. バットに広げてぴったりとラップをはりつけて、保冷剤を当てて急冷する(いたみやすいので、できるだけすぐに冷やす)。完全に冷めたらボウルに移して、ホイッパーやシリコンベラでほぐし、滑らかな状態にしておく。

6. **1**にカスタードクリームの半量を入れて平らにならし、バナナをのせ、カスタードクリームの残り半量をのせて平らにならす。

7. 〈生クリーム〉ボウルに生クリームとグラニュー糖を入れ、氷水に当てながらホイッパーで角が立つ直前まで泡立てる。星形の口金をつけた絞り袋に入れて**6**に絞る。好みでココナッツロングを飾る。

| 甘酸っぱさが魅力 |

Lemon Meringue Pie
レモンメレンゲパイ

**まぶしいほど鮮やかなレモン色のフィリングに
真っ白なメレンゲを重ねた、爽やかなパイ。**

　プディングやカスタードにメレンゲを混ぜ合わせ、空焼きしたパイ生地に流し込んで冷やす、ふんわりとした口当たりのよいパイのことを「シフォンパイ」と呼びます。

　それと似ていますが、メレンゲをフィリングと混ぜず、フィリングの上にのせて、色合いと食感のコントラストを楽しむパイも人気。その代表がレモンメレンゲパイです。

　牛乳ではなくレモン果汁で作るカスタードクリームといった趣の「レモンカード」に、メレンゲをのせて焼き色をつけて仕上げます。

　メレンゲをのせるパイは、生クリームをのせて仕上げる「クリームパイ」より乳脂肪分は少なくあっさりしていますが、その分メレンゲにたっぷり砂糖が入るのでとても甘い！　酸味の強いレモンのフィリングと好相性なのも納得です。

レモンメレンゲパイは、食感のコントラストもごちそう！
サクサクのパイ生地に、とろけるようなレモンのフィリング。
そして、メレンゲはふんわりと口溶けよく。

材料（内径21cmのパイ皿1台分）

パイ生地(30〜31ページ参照)…1台分

〈フィリング〉
卵黄…3個分
グラニュー糖…90g
コーンスターチ…25g
水…180g
レモン果汁…75g
レモンの皮(国産無農薬。すりおろす)…1個分
バター(食塩不使用)…20g

〈メレンゲ〉
卵白…Mサイズ3個分
グラニュー糖…75g

下準備

● オーブンを180℃に予熱する。

Lemon Meringue Pie
レモンメレンゲパイ

犯人は誰?
4
パイ

作り方

1. パイ生地は30〜31ページの手順通りに空焼きして、網に取る。

2. 〈フィリング〉小鍋に卵黄を入れて、ホイッパーで白っぽくなるまで混ぜる。グラニュー糖を加えたら手早く混ぜ、コーンスターチも加えて混ぜる。水、レモン果汁、レモンの皮を加えてすり混ぜ、バターを加えて混ぜながら弱火にかける。しっかりとろみが付いたら火から下ろし、**1**に流し入れてシリコンベラで平らにならす。

3. 〈メレンゲ〉水気も油気も付いていないボウルに卵白を入れて、ホイッパーで角がピンと立つまで泡立てる。グラニュー糖を3回に分けて加え、その都度角がピンと立つまで泡立てる。温かい**2**にのせ、泡を潰さないようにシリコンベラでこんもりと形作り、角を立てる。

4. 180℃のオーブンで10〜12分、焼き色が付くまで焼く。

バナナクリームパイはここで登場！

〈お菓子探偵〉シリーズ 20

バナナクリーム・パイが覚えていた

ジョアン・フルーク著、上條ひろみ訳
（mirabooks ／ハーパーコリンズ・ジャパン）

アメリカ中西部の架空の町、レイク・エデンで猫のモシェと暮らしながら、ベーカリー兼コーヒーショップ「クッキー・ジャー」を営んできたハンナ・スウェンセン。豪華なハネムーンクルーズの最中に届いたのは、自分の店のバナナクリームパイが大好物で、週に2個は買ってくれていた常連客が、事件に巻き込まれたというショッキングなニュースだった。

解説

プレッツェルを砕いてパイ皮に！
合理的においしく作る現代版レシピがあった。

バナナクリームパイは、アメリカ南部と共に、ハンナが店を構える中西部でも人気の高いパイです。そんな場所で熱烈なファンがついているハンナのパイを味わってみたい読者のために、（アメリカの）家庭でも再現しやすいレシピをハンナが公開してくれています。

それによれば、塩気の利いたプレッツェルを砕いてパイ皮にし、まずはその上にスライスしたバナナを並べます。そこに市販のバニラプディングの素を使ったフィリングを流し込み、これまた市販のキャラメルソースで風味付けしたホイップクリームをのせて仕上げます。

本書で紹介するのは、市販品を駆使するハンナのレシピとは異なり、パイ生地もフィリングも手作りするクラシカルなレシピ。昔ながらの味もハンナ流の現代版も、どちらもそれぞれのよさがあります。

> レモンメレンゲパイはここで登場！

スイート・ホーム殺人事件

クレイグ・ライス著、羽田詩津子訳
（ハヤカワ・ミステリ文庫／早川書房）

　ミステリ作家のマリアン・カーステアズは、破天荒な記者だった夫と死別し、14歳の長女、12歳の次女、10歳の長男の3人の子どもたち、それから猫のジェンキンズと暮らす。ミステリ作家の母親が本物の殺人事件を解決したとなれば、宣伝になり本が売れ、常に執筆に追われる生活が少しは楽になるかもしれない。そう考えた子どもたちは事件解決のため、ついでに母親に新たなパートナーを見つけるために奔走する。

解説

メレンゲをたっぷりのせたレモンのパイは、"スイート・ホーム＝楽しい我が家"の食卓の象徴。

　生活費を稼ぐために、いつも忙しく執筆している母親を心配した子どもたちは、3人で事件を解決して母の手柄にし、本の宣伝につなげようと画策します。その上母親のために新しいパートナーを見つけて、背中を押すことまでします。

　パートナー候補を招いた日のディナーのメニューは、グレイヴィー・ソースを添えた昔風のミートローフにビスケット、ジャガイモのキャセロール、メレンゲをたっぷりかけたレモンパイなど。この家庭的なメニューを考えたのはもちろん子どもたちです。

　世界各地で取材をする夫を追うなかで、1920年代後半から30年代前半にかけて3人の子どもを出産し、1942年のこのときまでひとりで子育てをしてきたマリアン。

　激動の時代のなかでの子育てですが、そんなことを感じさせないほどに子どもたちはのびのびと成長していて、食卓はとても豊かです。

クリームチーズたっぷり

Chocolate Cheese Cake
チョコレートチーズケーキ

**甘くて濃厚なチーズケーキは、
事件を推理する頭脳のエネルギー源！**

　アメリカのチーズケーキは、焼くタイプ「ベイクドチーズケーキ」と焼かないタイプ「ノーベイクチーズケーキ」の大きく2つに分けられます。
　さらにそこから細分化されるのですが、ベイクドチーズケーキのなかでも、ニューヨークスタイルのチーズケーキは特別な存在です。製粉会社キング・アーサー・ベイキングカンパニーは、書籍『*The King Arthur Flour Baker's Companion*（ザ・キング・アーサー・フラワー・ベイカーズコンパニオン）』で、「アメリカでは、チーズケーキはニューヨークチーズケーキかそれ以外に大別される」と書いているほど。
　ニューヨークチーズケーキは1800年代後半にニューヨーク州のチーズ生産者によって開発されたクリームチーズが主役で、滑らかで濃厚なのが特徴。ケーキといってもケーキ生地は使われず、カスタードの仲間です。ここで紹介するレシピはニューヨークスタイルの派生形です。

チョコレートとクリームチーズをふんだんに使う
滑らかなチョコレートチーズケーキ。
ひと晩寝かせると、濃厚さが際立つ。

材料（直径12cmの底取れタイプの丸型1台分）

〈ココアクッキー生地〉
ブラックココアクッキー（市販品）…55g
好みでエスプレッソパウダー（製菓用）…2g
バター（食塩不使用）…30g

〈フィリング〉
生クリーム（乳脂肪分35％程度）…30g
チョコレート（カカオ分60％程度）…40g
A ┌ クリームチーズ（室温）…100g
  │ グラニュー糖…45g
  │ 卵（室温）…Mサイズ1個
  │ 卵黄（室温）…Mサイズ1個分
  └ バニラオイル…少々

〈ガナッシュ〉
生クリーム（乳脂肪分35％程度）…25g
チョコレート（カカオ分60％程度）…25g
好みで金箔…適宜

下準備

● 型の底と側面にオーブンペーパーを敷き込む。
● オーブンを180℃に予熱する。

POINT

● 濃厚なので、小さめに切って食べる。

154

Chocolate Cheese Cake
チョコレートチーズケーキ

犯人は誰？
4

チーズ
ケーキ

作り方

1. 〈ココアクッキー生地〉ブラックココアクッキーと好みでエスプレッソパウダーをフードプロセッサーで粉砕、またはポリ袋に入れてめん棒でたたいて粉末状にする。ボウルにバターを入れて溶かし、粉末状のクッキーを加えて、シリコンベラで混ぜる。

2. 型の底と側面（1.5cmの高さまで）に敷き込む。ラップを使い、コップの底などで強く押さえて平らに整える。180℃のオーブンで約10分焼き、網に取って冷ます。オーブンは160℃に下げておく。

3. 〈フィリング〉ボウルに生クリームを入れて、湯せんにかける。熱くなったら湯せんからはずす。チョコレートを加え、溶けてきたらシリコンベラで中心から静かに混ぜる。

4. **3**とは別のボウルに**A**を入れて、ハンドブレンダーで滑らかになるまで混ぜる。粗熱が取れた**3**を加えて、シリコンベラで混ぜ合わせる。

5. **2**に流し入れて、シリコンベラで平らにならす。160℃のオーブンで約25分、表面が固まり、揺らしたときに表面が揺れなくなるまで焼く。粗熱が取れたら冷蔵庫で数時間からひと晩冷やし、型からはずす。

6. 〈ガナッシュ〉小さめのボウルに生クリームを入れて、湯せんにかける。熱くなったら湯せんからはずす。チョコレートを加え、溶けてきたらシリコンベラで中心から静かに混ぜる。艶が出て滑らかな状態になったら、**5**の上面に中心から静かにかける。パレットナイフで表面をさっとなでるようにならす。好みで金箔を飾り、冷蔵庫で約30分冷やし固める。

> チーズケーキはここで登場！

〈コクと深みの名推理〉シリーズ 12

聖夜の罪はカラメル・ラテ

クレオ・コイル著、小川敏子訳
（コージーブックス／原書房）

　ニューヨーク・マンハッタンのコーヒーハウス「ビレッジブレンド」のマネジャーであるクレア・コージー。クリスマスまであと少しというところで事件に巻き込まれ、自主捜査を進めるなかで、離婚後も仕事上のパートナーであり続けている元夫との、結婚時代の楽しかった思い出を振り返る。クレアの元夫がプライベートで好物だったクッキーは、クレアのお手製のニューヨークチーズケーキ・クッキーだ。

> 解説

ニューヨークチーズケーキを思わせる、
ホリデーシーズンにぴったりの楽しいクッキー。

　クレアとビレッジブレンドのバイヤーである元夫は離婚後も仕事上のパートナーとして、それから一人娘の両親として良好な関係が続いています。ホリデーシーズンにクッキーはつきもので、クレアと元夫は娘の好物のクッキーの話をし、その流れで元夫の好物のニューヨークチーズケーキ・クッキーへと話が及びます。

　クレア特製のこのクッキーは、グラハムクラッカー入りのレモン風味の生地で、クリームチーズのフィリングを包み込み、焼き上げるというもの。大ぶりなクッキーで、仕上げに砂糖とイチゴを煮詰めて裏ごししたものをふりかければ、ホリデーシーズンにぴったりな華やかな雰囲気になります。

　グラハムクラッカーと甘いクリームチーズフィリング入りのクッキーを口に含むと、まるでチーズケーキのよう。楽しい驚きのあるクッキーです。

犯人は誰？ 4 チーズケーキ

〈ルーシー・ストーン〉シリーズ 5

バレンタインは雪あそび

レスリー・メイヤー著、髙田恵子訳
（創元推理文庫／東京創元社）

　北東部の架空の町で夫と4人の子どもたちと暮らす週刊新聞の臨時記者ルーシー・ストーン。図書館で起こった事件が解決した後、同館増築翼の落成式で、同館理事のひとりでもあるケータリング業のオーナーが、1年間で一番たくさん図書館の本を読んだ人にモカ・チーズケーキを進呈すると約束した。

解説

図書館での事件が解決した後、約束されたのは、モカ・チーズケーキのプレゼント。

　図書館理事のひとりでケータリング業を営むその人は、新人理事のルーシーに冷たく接するツンケンした人でした。それが事件解決後は別人のように優しくなり、図書館を盛り上げるためにモカ・チーズケーキを進呈することを約束するとは、驚きの変わりようです。

　モカ・チーズケーキがどんなものか詳細は語られていませんが、このオーナーは伝統的なレシピを愛用しているので、奇をてらうことはなさそうです。

　おそらくココアクッキーを砕いて敷き詰め、モカ風味のクリームチーズフィリングを流し込み焼き上げたもの、もしくはコーヒーとチョコレートの2層仕立てでガナッシュをかけたものでは、と想像しています。

　いずれにせよ、たっぷりのコーヒーと本と共に楽しみたくなるようなチーズケーキに違いありません。

とにかく簡単！　失敗なし

Peach Cobbler
ピーチコブラー

旬の桃にビスケット生地を合わせて、香ばしく焼き上げるアメリカ南部の家庭菓子。

　アメリカを代表する家庭的な焼き菓子「コブラー」。旬の果物に、ビスケット生地やパイ生地、ケーキ生地を合わせて焼き上げます。広くアメリカで愛されていますが、特に南部特産の桃を使うピーチコブラーは、南部の夏の味として知られます。

　ユニークな名前の由来は、焼き上がりの表面が "cobble stone（コブルストーン）＝石畳" のようだからとか、身近な材料で手早く作る様子を "cobbled together（コブルド・トゥギャザー）＝急ごしらえで作っ

た" と表現したからなど諸説あります。

　アメリカの家庭菓子といえばパイが思い浮かびますが、市販の冷凍生地を使うにしても、パイ作りはそれなりに手間がかかります。

　対するコブラーはとにかく簡単！

　果物を焼き皿に並べてビスケット生地をすくい落として焼くだけだったり、ここで紹介するように、スキレットに生地を流し入れ、果物をのせて焼くだけだったり。誰でも失敗なく手軽に作れるのが特徴です。

お手軽なピーチコブラー。
バターを溶かしたところに混ぜ合わせた生地を流し入れ、
缶詰の桃をのせてオーブンで焼くだけ！

材料（直径16cmのスキレット1個分）

バター（食塩不使用）…30g
牛乳（室温）…65g
グラニュー糖…45g
バニラオイル…少々

A ┌ 薄力粉…45g
  │ ベーキングパウダー…小さじ1/2
  └ 塩…ひとつまみ

黄桃（缶詰。くし形に切る）…1＋1/2個分
黄桃の缶汁…50g
シナモンパウダー…ひとつまみ
好みでバニラアイスクリーム…適宜

POINT

- スキレットからそのまま食べるときは、火傷に注意する。
- 焼いている間に果汁が吹きこぼれるので、スキレットの下にアルミ箔を敷いておくと後片付けが楽。
- 作り方3でバターに液体を注いだ後は絶対に混ぜない。

	Peach Cobbler	犯人は誰？
	ピーチコブラー	**4**
		果物の デザート

作り方

1. スキレットにバターを入れて、180℃で予熱中のオーブンに入れる。過熱に注意する。

2. ボウルに牛乳とグラニュー糖、バニラオイルを入れ、**A**をふるい入れる。ホイッパーで滑らかになるまで混ぜる。

3. **1**のバターが溶けたら、火傷に注意してスキレットを取り出し、**2**を静かに注ぎ入れる。決して混ぜない。上に手早く黄桃をのせ、缶汁を注ぐ。シナモンパウダーを表面にふりかけ、180℃に予熱したオーブンで約30分、表面が濃いきつね色になるまで焼く。好みでバニラアイスクリームをのせてすぐに食べる。

コブラーはここで登場！

〈ワニ町〉シリーズ 2

ミスコン女王が殺された

ジャナ・デリオン著、島村浩子訳
（創元推理文庫／東京創元社）

　アメリカ深南部、ルイジアナ州の架空の町シンフルで潜伏生活を送る CIA 秘密工作員のフォーチュン。町に到着してから 1 週間経たずして、2 つ目の事件に巻き込まれている最中、自分と同様に困った立場に追い込まれた人を夕食に誘う。デザートはカフェ店員の友人が作ったピーチコブラーだ。

解説

任務遂行中のCIA秘密工作員もほっとひと息、飾らない味わいのピーチコブラー。

　夕食をコーヒーとプロテインバーで済ませようとしている人に任務遂行中の自分を重ねたフォーチュンは、キャセロールを食べないかと誘います。飲み物はルートビア、デザートは友人が焼いてくれたピーチコブラーです。

　どんなスタイルのコブラーなのかは書かれていないので想像するほかありませんが、2日前に作ったと話しているのがヒントになりそうです。

　桃にビスケットをのせて焼き上げるタイプだと、2日も経つとビスケットは乾き切って桃の水分が飛び、味はかなり落ちるはず。

　それに対して、ここで紹介したレシピと同じタイプであれば、生地も桃もしっとりとしていて、温めれば2日後でもおいしく食べられたはず。

　コブラーは話の終盤でも登場するのですが、それがまたおいしそうに描写されているので要注目です。

162

〈大統領の料理人〉シリーズ4

絶品チキンを封印せよ

ジュリー・ハイジー著、赤尾秀子訳
(コージーブックス／原書房)

　新しい大統領が誕生し、新大統領一家がホワイトハウスに引っ越してきた。ホワイトハウスのエグゼクティブシェフのオリヴィア（オリー）・パラスは、出所不明のチキンの箱からはじまる事件に巻き込まれる。事件が解決しないまま、新大統領にとっての初の公式晩餐会の試食会の準備が進む。デザートはミックスベリーのコブラーだ。

解説

ホワイトハウスの公式晩餐会にも登場！
温もりを感じるベリーコブラー。

　大統領一家の食卓から公式晩餐会のメニューまで、ホワイトハウスの厨房を隣で見ているようなワクワク感を楽しめるシリーズです。
　新大統領一家がホワイトハウスに引っ越してきて早々に事件が起こり、それが原因で新しいファーストファミリーとオリーの関係がギクシャクするなかで、公式晩餐会の準備が進みます。
　試食会のデザートにペイストリー・シェフが用意したのは、贅を尽くした手の込んだデザートではなく、温もりを感じるミックスベリーのコブラーでした。焼き皿にベリーを敷き詰め、小麦粉と砂糖、溶かしバター、卵、牛乳を混ぜた生地を流し入れて焼き上げたものです。
　コブラーは公式晩餐会にも登場するくらい、アメリカでは日常的に愛され親しまれているデザートなのです。

Column 4

ユニークな発想で
市販品を上手に活用！

ビールやマヨネーズを用いて焼くビスケット！

　アメリカには、ユニークな発想にびっくりさせられるお菓子がいくつも存在しています。そのうちの一ジャンルとでも呼びたくなるのが、お菓子作りに使おうとはなかなか思わない市販品を活用したものです。

　アメリカ南部はビスケット文化だ（99ページ参照）と紹介しましたが、クリームからバターを作った後に残る液体・バターミルクを使う伝統的な「バターミルクビスケット」をはじめ、ビスケットにはいろいろな種類があります。
　たとえばビールを加えた「ビールビスケット」は、まるで発酵させたかのような風味が出て、食感はふんわり。
　ユニークなところでは、マヨネーズに牛乳、小麦粉を混ぜて焼くだけの「マヨネーズビスケット」。マヨネーズは油脂や卵の代わりに使えるので、実は菓子作りの材料に使うのは理に適っていて、チョコレートケーキ作りなどにも使われてきました。

トマトスープ缶のケーキは、なんとキャロットケーキ風！

　またアメリカではニンジンやズッキーニ、カボチャを使うブレッドやケーキの人気が高く、野菜を菓子作りに使うことに抵抗はありません。
　とはいえメインの材料にキャンベルスープカンパニーの濃縮トマトスープ缶を使う「トマトスープケーキ」にはちょっと驚きます。
　その原形は1920年代から30年代、物の不足した時代に誕生しました。風味や食感はキャロットケーキとよく似ていて、クリームチーズフロスティングがよく合います。

　ほかに、かつてリンゴのない時期に作られた「モック（偽物）アップルパイ」。リンゴの代わりにスパイスやレモンで風味をつけたクラッカーをフィリングにしたパイで、口に入れるとたしかにアップルパイを想像させます。
　これらのケーキやパイは、今ではユニークなレシピとして時折楽しまれる程度ですが、アメリカという国の面白さが詰まっているように思えて仕方がありません。

5

事件解決！

The mystery has been solved!

犯人を見つけて平和な日常を取り戻したら、
おいしいドリンクで、渇いたのどを潤したいところ。
捜査の最中に飲んでいた飲み物でも、
解決したあとは格別の味わい。
主人公たちもきっとこれらのドリンクで、
祝杯を挙げたに違いない！

冷えたルートビアにバニラアイスクリームをのせるだけで
満足感たっぷりの夏のドリンクのできあがり。

材料（作りやすい分量）

ルートビア(冷たいもの)…適量
バニラアイスクリーム…適量

下準備

● グラスは冷やしておく。

作り方

1. ルートビアをグラスの高さ3/4まで注ぎ、バニラアイスクリームをのせる。すぐに飲む。

事件解決!
5
ドリンク

ビールの代わり!?

Root Beer Float
ルートビアフロート

かつては薬効を期待されていた炭酸飲料。
禁酒中の人がビール代わりに飲むことも。

　薬のような独特の風味で、好き嫌いがはっきり分かれるルートビア。

　アメリカ大陸に古くから住んできた人々が、薬として利用していた植物の根を原料にすることから "root（ルート）＝根っこ" の "beer（ビア）＝ビール" と書きますが、市販品の多くはアルコールを含まない炭酸飲料です。

　植物の根や木の皮、ハーブやスパイスが使われ、自家製を薬膳ドリンクのように楽しむ人もいます。さまざまな理由からアルコールを飲めない人たちが、ビールの代わりに舌鼓を打つ飲み物でもあります。

　しっかり冷やしたルートビアに、バニラアイスクリームを浮かべたルートビアフロートは、暑い夏に恋しくなるドリンクです。ルートビアの湿布薬を思わせるようなツンとした刺激や風味がマイルドになり、驚くほど飲みやすくなります。

ルートビアフロートはここで登場！

〈ワニ町〉シリーズ１

ワニの町へ来たスパイ

ジャナ・デリオン著、島村浩子訳
（創元推理文庫／東京創元社）

　アメリカ南部の架空の町シンフルで潜伏生活を送るCIA秘密工作員のフォーチュンが、行きつけのカフェでの夕食に注文したのはチキンフライドステーキ（といっても中身は牛肉）とマッシュポテトのグレイヴィソースがけ、コーン、それにロールパン。おともにビールを頼んだところで禁酒の町だと知らされる。代わりにフォーチュンが「完全無欠の飲みもの」だと考えるルートビアフロートを注文する。

解説

禁酒の町で夕食を注文、
ビール代わりに飲むならこれ！

　アメリカには南部を中心に"禁酒郡＝dry county（ドライカウンティ）"や"禁酒の町＝dry towns（ドライタウンズ）"などと呼ばれる郡や市町村が存在します。その場での飲酒も持ち帰りも禁止。そのどちらかは認めるけれどもう一方は禁止というように、規制の仕方は郡や市町村によりさまざまです。
　シンフルも禁酒の町のひとつだと知ったフォーチュンは、こってりとした料理のおともとして、ビールの代わりにバニラアイスクリームをのせたルートビアフロートを注文します。２杯目を注文し、デザートには深皿で焼いたフルーツパイ「コブラー」まで食べようとしている様子。事件に巻き込まれて駆けずり回っていなければ、到底消費できないカロリーです。

〈コクと深みの名推理〉シリーズ12

聖夜の罪はカラメル・ラテ

クレオ・コイル著、小川敏子訳
(コージーブックス／原書房)

　ニューヨーク・マンハッタンのコーヒーハウス「ビレッジブレンド」のマネジャーであるクレア・コージー。離婚し娘が独立した現在は、猫のジャヴァとフロシーと暮らす。クリスマスを目前に控えて共に事件に巻き込まれた友人のベーカリーを訪ねると、ペストリーシェフの友人は、ルートビアを煮詰めたシロップで菓子の試作をしている最中だった。

解説

事件に巻き込まれたベーカリーのペストリーシェフ。辛いながらも仕事を休めず、レシピを試作。

　事件に巻き込まれて辛い思いをしている友人は、ベーカリーを営むペストリーシェフです。仕事を休むことなどできず、クレアが訪ねたときにも企業から請け負ったレシピ開発の仕事をしている最中でした。
　ルートビアを煮詰めたシロップを混ぜ込んだウーピーパイ(丸いケーキ生地でクリームをはさんだアメリカの伝統的な菓子)の試作品をチコリコーヒーと共にすすめられたクレアは、そのおいしさに感嘆します。
　もうひと品、焼き上がっていたのはメレンゲをたっぷり塗ったルートビアシロップ入りのスイートポテト・パイ。一見おいしそうですが、友人いわく病院で出される薬のような味とのことで、ルートビアの癖が強調されすぎてしまったようです。このパイはムダにはならず、後に活躍するのでご安心を。

事件解決!
5
ドリンク

リンゴの季節にはこれ！

Hot Apple Cider
ホットアップルサイダー

**スパイスがふくよかに香る、
温かな飲み物にほっとひと息。**

市販のリンゴジュースは濾過した透明のものが一般的ですが、アップルサイダーは無濾過なので透明ではなく濁りがあり、香りも味も濃厚です。

リンゴの収穫時期になると、リンゴ園併設のサイダー製造所「サイダーミル」はしぼりたてのアップルサイダーを求める人で賑わいます。

アメリカでアップルサイダーや単にサイダーといえば、ノンアルコールのリンゴジュースを指します。これを発酵させたアルコール飲料は「ハードサイダー」と呼ばれます。

アップルサイダーにシナモンやナツメグ、クローブなどのスパイスと柑橘類の皮やリンゴなどを加えて温めたものは「ホットアップルサイダー」とか「マルドサイダー」と呼ばれ、ハロウィンから年明けにかけての寒い時期に、身体も心も温める飲み物として愛されてきました。

スパイスや柑橘類の香りをプラス。
身体も心もぽかぽか温まる、
寒い時期には欠かせないホットアップルサイダー。

材料（4〜5杯）

A
アップルサイダー、またはリンゴジュース
　（果汁100%）…800ml
オレンジのシロップ漬け（市販品）…200g
クランベリー（冷凍、または生）…15〜20粒
シナモンスティック…2本
クローブ…10〜12粒

好みで飾り用シナモンスティック…人数分

POINT

● オレンジのシロップ漬けの代わり
にオレンジピールを細切りにした
ものを10本程度、または生のオレ
ンジの輪切りを小2個分使っても
よい。生のオレンジを使う場合は
国産のものを使う。また、好みの
リンゴ1個（皮のまま0.5cmほどの輪切り。
芯は取る）を加えると風味が増す。

● リンゴジュースのおいしさが味の
決め手。

Hot Apple Cider
ホットアップルサイダー

事件解決! 5 ドリンク

作り方

1. 酸に強いステンレス、またはホーロー製の鍋に**A**の材料を入れる。

2. 弱火で約10分温める。煮立てたり、長時間火にかけたりしない。

3. 器に注ぎ、好みで飾り用シナモンスティックを添える。

ホットアップルサイダーはここで登場！

〈ルーシー・ストーン〉シリーズ 7

感謝祭の勇敢な七面鳥
レスリー・メイヤー著、高田恵子訳
（創元推理文庫／東京創元社）

　北東部メイン州の架空の町、ティンカーズコーヴで夫と子どもたちと暮らす週刊新聞の臨時記者のルーシー・ストーン。親友が運営する託児所の子どもたちと七面鳥の見学に向かった先は、季節ごとの楽しみがある地元の農場。9月の目玉は、旬を迎えるリンゴとしぼりたてのアップルサイダーだ。

解説

地元で人気の農場の感謝祭シーズンの名物はスパイスを利かせた温かなドリンク。

　作中で、潰れそうだった酪農場を父親から引き継いだ新農場主は、農場を一年を通して楽しめる地元のアトラクションに変貌させた経営センスの持ち主です。今やこの農場は、町の子どもたちの貴重な体験学習の場にもなっているようです。

　アップルサイダーは、この農場の9月の目玉とのことですが、感謝祭シーズンの11月には、これにスパイスやオレンジの皮などを入れて温めるホットアップルサイダー／マルドサイダーをふるまうこともあるようです。

　ホットアップルサイダーは、おいしいアップルサイダーさえあれば家庭でも手軽に手作りできるので、寒い日のおもてなしにぴったりです。アップルサイダーが手に入らないときは、リンゴジュースでも十分おいしく作れます。

事件解決！ **5** ドリンク

〈主婦探偵ジェーン〉シリーズ 10

カオスの商人

ジル・チャーチル著、新谷寿美香訳
（創元推理文庫／東京創元社）

シカゴ郊外で子どもたちと 2 匹の猫マックスとミャーオと暮らすジェーン・ジェフリイは、クリスマス・キャロルの集いとクッキー交換パーティの準備で忙しく過ごしている。アポなしで泊まりにきた恋人の母親に感情を乱されるが、たっぷりのアップルサイダーとスパイスを入れた大きなパスタ鍋を火にかけたところで、なんとかクリスマス・キャロルの集いの準備が整った。

解説

寒い日には、スパイスを利かせた温かい飲み物が何よりのおもてなし。

　名作をもじったタイトルがユニークなシリーズです。
　2日連続で自宅で大きなイベントを開催することになったジェーンは、夫とは死別していて、離れて暮らす大学生の長男を含めて3人の子どもをひとりで育ててきました。ただでさえ大変なのに、こともあろうにクリスマス・キャロルの集い当日に、何の前触れもなく恋人が、母親を泊めてくれと頼んできたのです。母親を押しつけた恋人は悠々と帰宅していき、残されたジェーンはムッとしながらも友人たちの手を借りて集いの食事の準備を進めます。
　せめて飲み物くらいは市販品をそのまま注げば良さそうなものですが、ジェーンは寒いなかやってくる人々のためにスパイスとアップルサイダーを入れた鍋を火にかけます。なんとも複雑な思いになるシーンです。

177

事件解決!
5
ドリンク

ノスタルジックな癒やしの味

Eggnog
エッグノッグ

牛乳と卵のやさしい風味にナツメグがほんのり香る。
アルコールを加えれば大人もうれしいドリンクに。

　牛乳やクリーム、卵をベースにし、ナツメグやシナモンで香りをつけるこのドリンクはクリスマスの定番です。冷たいものが一般的ですが、寒い日には温めたものも喜ばれます。

　大家族や大勢の集まりのときには専用のボウルにたっぷり作り、レードルでマグに注ぐのが伝統のスタイルです。泡立てた生クリームをのせたり、大人向けにはラム酒などのお酒を加えたりとさまざまなスタイルで楽しみます。

　カスタードを思わせるこの濃厚なドリンクの風味は、エッグノッグ・フレーバーとして親しまれています。クリスマスの時期になるとスーパーにはエッグノッグのボトルがずらりと並び、ベーカリーやカフェのマフィンやクッキーなどの焼き菓子、それからコーヒーなどのドリンクもエッグノッグ風味だらけになります。

　趣向を凝らしたエッグノッグ風味のものを探すのは、この時期の大きな楽しみなのです。

カスタードを思わせる
エッグノッグの濃厚な香りが、
クリスマス気分を盛り上げる!

材料(4杯分)

卵黄…4個分
グラニュー糖…20g
牛乳…500g
バニラオイル…少々
ナツメグ…ひとつまみ

〈仕上げ〉
生クリーム…100g
ナツメグパウダー…ひとつまみ
シナモンスティック…4本

POINT

- いたみやすいので冷蔵庫で保存し、当日中に飲む。

Eggnog
エッグノッグ

事件解決!
5

ドリンク

作り方

1. 小鍋に卵黄を入れ、ホイッパーで白っぽくなるまで混ぜる。グラニュー糖を加えて手早く混ぜ、牛乳とバニラオイル、ナツメグを加えて混ぜる。

2. **1**を中火の湯せんにかける。小鍋の底が湯の鍋底に直接つくと温度が上がりすぎるので、蒸し台などを間に入れるとよい。

3. 湯が静かに沸いている状態を保ち、常にホイッパーで混ぜながらゆるいとろみをつける。ボウルに移して氷水を当てて冷ます。冷めたら冷蔵庫で完全に冷やす。

4. 〈仕上げ〉**3**とは別のボウルに生クリームを入れ、氷水に当てながら角がゆるく立つまで泡立てる。

5. カップに**3**を注ぎ、生クリームを星形の口金をつけた絞り袋に入れて絞り出す、またはスプーンですくいのせる。ナツメグをふりかけ、シナモンスティックを添える。

エッグノッグはここで登場！

〈コクと深みの名推理〉シリーズ 12

聖夜の罪はカラメル・ラテ
クレオ・コイル著、小川敏子訳
（コージーブックス／原書房）

ニューヨーク・マンハッタンのコーヒーハウス「ビレッジブレンド」のマネジャーであるクレア・コージー。クリスマスを目前に控えたある日、事件に巻き込まれて自主捜査を開始する。そんななかで恋人のために朝食に用意したのは、エッグノッグ・クラムマフィンと巨大なカップに淹れたコーヒーだ。

解説

おなじみのマフィンもエッグノッグ風味に焼けば、途端にホリデーシーズンらしさが盛り上がる。

クリスマスが近づくある朝、クレアが恋人の朝食用に焼いたのは、エッグノッグを混ぜた生地にナツメグ風味のクラムをのせて焼き上げた香り高いマフィンです。

この時期にクレアは店でもプライベートでもエッグノッグ風味のものをたくさん作るようで、恋人のためにももうひと品、フローズン・エッグノッグ・ラテなるものを作っています。そちらは牛乳とエッグノッグ、コーヒーを凍らせたものをミキサーにかけ、ホイップクリームとナツメグをのせて仕上げるというものです。

お酒を欲していた恋人はしぶしぶ飲んでいたようですが、事件解決のためのアドバイスを求めていたクレアは、恋人にしらふの状態でいてほしかったのです。

〈ルーシー・ストーン〉シリーズ 6

史上最悪の
クリスマスクッキー交換会

レスリー・メイヤー著、髙田惠子訳
(創元推理文庫／東京創元社)

　北東部の架空の町、ティンカーズコーヴで夫と 4 人の子どもたちと暮らすルーシー・ストーン。怖い思いをしながらようやく帰宅し、たかぶる神経を落ち着かせようとマグカップに注いだ牛乳を電子レンジで温める。口に含んだ熱々の牛乳があまりにもひどい味だったので、スプーン 1 杯分の砂糖と共に、エッグノッグを作るために買っておいたブランデーをたっぷり入れた。

解説

エッグノッグのフレーバーを添えれば、
いつもの飲み物がほっとする味に早変わり。

　電子レンジで温めた熱い牛乳は、ひと口含んだルーシーが顔をしかめるほどひどい味だったようです。牛乳の質が悪いか、もしくはいたんでいるのでなければ、気持ちを落ち着けるのに牛乳だけでは足りなかったということでしょうか。バニラで香り付けしようと探したものの見つからず、代わりにエッグノッグ用に買っておいたブランデーをたっぷり入れます。
　エッグノッグは冷たいものを飲むのが一般的ですが、これと似ていながら温かい状態を楽しむカクテルに「トム&ジェリー」があります。伝統的にはクリスマスに楽しまれてきたもので、エッグノッグと同じように専用の大きなパンチボウルで供されることもあります。これらのヴィンテージのボウルはコレクターにも人気です。

事件解決!
5
ドリンク

お茶でリフレッシュ

Sweet Tea
スイートティー

**甘くて冷たくて香り高い、
蒸し暑いアメリカ南部の定番ドリンク。**

アメリカではどこでも飲めるアイスティーですが、甘いアイスティーであるスイートティーは、特に南部の飲み物として知られます。

かつてはアメリカでお茶といえば風味の強い緑茶が一般的だったようですが、20世紀に入ると紅茶が広く飲まれるようになり、現在のスイートティーは紅茶で作るのが一般的です。

さらにレモンやラズベリーなど、さまざまなフレーバーをつけたものが楽しまれています。

日本でアイスティーを作るときは、濃く淹れた紅茶を氷で急冷することが多いですが、アメリカの南部では、濃く淹れた紅茶を水で割るのが一般的です。

さらに、夏には水を入れたピッチャーにティーバッグを入れてほこりよけをし、さんさんと陽の光が降り注ぐポーチなどにおいて、時間をかけて抽出する"サンティー＝太陽のお茶"も人気です。

サンティーは夏のドリンクなので、ピーチなどの夏らしいフレーバーティーも好まれます。

185

ジメジメしたアメリカ南部の夏を乗り切るスイートティー。
濃く甘く淹れた紅茶を冷水で割り、
レモンやミント、レモンバーベナを添えて爽やかに楽しむ。

材料（4杯分）

熱湯…400g

茶葉…10g

冷水…400g

ロックアイス…250g

グラニュー糖…50g（好みで加減）

レモン（国産無農薬）…大1個

ミント、またはレモンバーベナの葉…適量

下準備

● ティーポットに湯を入れて温めておく。

● 耐熱ピッチャーにグラニュー糖を入れておく。

● レモンは洗って輪切り、またはくし切りにする。

● ミント、またはレモンバーベナの葉は洗って
　おく。

| | Sweet Tea |
| | スイートティー |

事件解決! 5

ドリンク

作り方

1. やかんで湯を沸かす。ティーポットの湯を捨てて茶葉を入れ、沸騰したての熱湯を注ぎ、ふたをして約2分半蒸らす。

2. グラニュー糖を入れた耐熱ピッチャーへ注ぎ、マドラーで混ぜて砂糖を溶かす。冷水を注ぎ、ロックアイスを入れる。

3. グラスに注ぎ、カットしたレモンとミント、またはレモンバーベナの葉を添えて飲む。

| スイートティーはここで登場！ |

〈お茶と探偵〉シリーズ 14

スイート・ティーは花嫁の復讐

ローラ・チャイルズ著、東野さやか訳
(コージーブックス／原書房)

アメリカ南部、サウスカロライナ州のチャールストンで、犬のアール・グレイと暮らし、ティールーム「インディゴ・ティーショップ」を営むセオドシア・ブラウニング。事件に巻き込まれた友人が相談にやってきたとき、店のティー・ブレンダーが出したのはカモミール・ティーにハイビスカスの花、ローズヒップ、それからはちみつをブレンドしたスイート・ティーだった。

解説

沈んだ心を癒やしてくれるのは、ほんのり甘い爽やかなスイートティー。

　このシリーズは、ティー・ブレンダーによるオリジナルのブレンドティーがたまらなく魅力的です。この巻はタイトルから予感されるとおり、スイートティーが要のシーンで何度か登場します。

　なかでもこのブレンドティーは印象的です。ハイビスカスの花をブレンドしているので、色合いはきっと鮮やかなルビー色。そしてキリッとした酸味をリンゴを思わせるカモミールの香りとはちみつの甘さがほどよく和らげ、すっきりと爽やかに仕上がっているのでしょう。

　アメリカはお茶よりもコーヒーのイメージが強いものの、家庭でもコーヒーショップでも、ティーバッグのハーブティーやフレーバーティーを気軽に楽しむ人は少なくありません。

　それ以上に冷たいお茶、スイートティーの存在感は大きく、アメリカではお茶は夏にグンと人の心を魅了するようです。

事件解決！
5
ドリンク

〈ワニ町〉シリーズ 6
幸運には逆らうな
ジャナ・デリオン著、島村浩子訳
（創元推理文庫／東京創元社）

　アメリカ深南部の架空の町、シンフルで潜伏生活を送る CIA 秘密工作員のフォーチュン。独立記念日のお祭り騒ぎの中で事件に遭遇。疲れて帰宅し、ビールを飲み、チョコレートチップクッキーを食べていると、仲間 2 人がやってきた。彼女たちが所望したのは、ビールではなく甘いアイスティーだった。

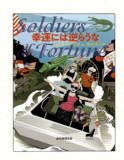

解説

じっとりと暑い南部の夏には、冷たくて甘いお茶がよく似合う。

　甘いアイスティー＝スイートティーは、アメリカ南部で愛されてきた飲み物です。深南部のルイジアナ州を舞台にした、〈ワニ町〉シリーズにも、たびたび登場します。
　たいていのスイートティーはかなり甘いのですが、ここではそれにチョコレートチップクッキーまで添えています。蒸し暑いルイジアナ州の夏を乗り切るにはエネルギーが必要ですが、それに加えてフォーチュンたちは、事件解決のために頭も身体もフル稼働させています。これくらいのエネルギーは軽く消費してしまうのでしょうか。
　フォーチュンの仲間というのは老齢の2人の女性なのですが、とにかくパワフル。甘いものが彼女たちのエネルギーの源なのかもしれません。

事件解決！
5
ドリンク

食前にも食後にも！

sherry
シェリー酒

普段はコーヒーでひと息つく素人探偵も
特別なときにはお酒を嗜む。

　アメリカの私立探偵を本業とする人はお酒が友のような場合が多いけれど、素人探偵にとってのお酒はちょっと様子が違います。

　ショックなことが起こったときに気付け薬として飲むブランデーに、さほどアルコール度数が高くない、喉を潤すためのいわば水代わりともいえるビール。

　それから食前・食後酒としてよく登場するのがシェリー酒です。シェリー酒は白ワインの一種で、醸造工程中にアルコールを

添加する、スペイン南部の酒精強化ワインです。

　食前酒として楽しむことが多いけれど、ドライも極甘口タイプもあり、実際は食前にも食後にも楽しめます。

　アメリカでは、いつでもどこでも誰でも飲むようなお酒ではないので、ミステリに登場すると、「特別なシーンなのだな」とか「裕福な人なのかな」とか「こだわりのある人物なのかな」など想像をかき立てられます。

> シェリー酒はここで登場！

〈シャンディ教授〉シリーズ1

にぎやかな眠り

シャーロット・マクラウド著、髙田恵子訳
（創元推理文庫／東京創元社）

　北東部の架空の町にあるバラクラヴァ農業大学のピーター・シャンディ教授。同僚に頼まれて空港で出迎えた女性が、自分の専門分野のカブを、ラテン語の正確な複数形で発音したことに感激し、昼食、もしくは酒はいかがかと誘った。その人は「シェリー酒を一杯くらいなら」と返す。彼女のスーツケースが出てくるまでの過ごし方が決まった。

解説

極上の食後酒は、特別な時間を演出してくれる。

　シャンディ教授は、出会ったばかりの女性が感じがよいばかりでなく博識でもあることに独特の親しみを覚えて、もう少し彼女と話をしたくなったようです。教授の誘いに対し、既に昼食を済ませていた女性は「シェリー酒を一杯くらいならいただいてもいいですね」と返します。教授は彼女の所望したアモンティラードを注文し、行儀よく一杯だけ楽しみます。
　初対面の2人がこのとき楽しんだシェリー酒であるアモンティラードは、アメリカの小説家、エドガー・アラン・ポーの短編『アモンティラードの樽』で広く知られるところとなりました。
　この名品は特別な出会いの日の食後酒としてはもちろん、事件解決の日にもふさわしい酒です。事件解決のその日にも、2人は一緒にアモンティラードを飲むことができるのでしょうか。

事件解決！ 5 ドリンク

〈海の上のカムデン〉騒動記シリーズ 6

メリー殺しマス

コリン・ホルト・ソーヤー著、中村有希訳
（創元推理文庫／東京創元社）

西部カリフォルニア州サンディエゴ近郊の高級老人ホーム「海の上のカムデン」でのクリスマスイベントの最中に事件が勃発。ここの住人で共に故提督夫人のアンジェラ・ベンボウとキャレドニア・ウィンゲイトは自主捜査を進める。自分たちの推理が警部補に相手にされずにがっくりしたときにも、事件解決後の食前のひとときにも、ふたりはシェリー酒を飲む。

解説

がっくりしたときにも、事件解決後の穏やかなときにも食前酒は欠かせない。

　2人のパワフルな老婦人アンジェラとキャレドニアは何かというと夕食前のひとときにシェリー酒を飲みます。自分たちの推理が警部補に相手にされないと分かったときにはがっくりとして、鬱々とした気分を振り払うため、薬代わりにシェリー酒を飲み、ようやく事件が解決したときには、夕食前に友情を嚙みしめながらシェリー酒で乾杯をします。

　よく飲む2人ですが、ガブガブ飲むわけではなく、小さなシェリーグラスで少しだけ楽しんでいる様子です。

　歳を重ねてからおそらく終（つい）の棲家（すみか）となるであろう高級老人ホームで友人と共に事件を推理し捜査を進め、ときにはシェリー酒でなぐさめあい、ときにはシェリー酒で乾杯する。

　なんて素敵で羨ましい人生だろうかと思わずにはいられません。

事件解決!
5
ドリンク

素人探偵とともにあり！

Coffee
コーヒー

事件に巻き込まれたときも、推理している最中にも、常にコーヒーと菓子がそばにある。

　現代のアメリカでは紅茶よりもコーヒーの方が主流を占めています。

　菓子もコーヒーと合わせることを想定したものが多く、クッキー＆バー、ケーキ、パイなど、どんな菓子もコーヒーを合わせれば間違いないくらいです。

　ですが、もともとはイギリスの影響から、アメリカでは紅茶の方が広く親しまれていました。

　それが一変したのが1773年のボストン茶会事件です。

　アメリカがイギリスの植民地だった当時、東インド会社に茶の専売権が与えられたことに反発した北米植民地の人々が、ボストン港へ輸入されてきた茶箱を船から投げ捨てたのです。

　それ以降、愛国者は紅茶に代わり、コーヒーを飲むようになったというわけです。

　アメリカのコーヒーといえば薄いとか品質の劣る豆を使っているとか、よいイメージがない時代もありましたが、1960年代以降は豆や淹れ方にこだわるコーヒーショップが次々と登場し、コーヒー好きを魅了しています。

コーヒーはここで登場！

〈コクと深みの名推理〉シリーズ 12

聖夜の罪はカラメル・ラテ

クレオ・コイル著、小川敏子訳
（コージーブックス／原書房）

ニューヨーク・マンハッタンのコーヒーハウス「ビレッジブレンド」のマネジャーを務めるクレア・コージー。クリスマスを目前に控えたある日、クッキー交換パーティの仕事の後に事件に巻き込まれる。事件解決後に、待ち焦がれていた恒例のクリスマス・パーティでクリスマス特製のラテやクッキーを仲間たちと味わう。

解説

推理のために頭をスッキリさせたいときも、事件解決後にリラックスしたいときもコーヒーを。

　素人探偵は自主捜査に励んでいる最中にも、事件解決後にほっとひと息つくときにも、そんなに飲んで大丈夫だろうかと心配になるくらい、コーヒーをよく飲みます。

　なかでもコーヒーハウスが舞台のこのシリーズには、魅力的なコーヒーがたくさん登場します。

　クリスマス・パーティで、クレアの元夫が飲んでいたのは、キャンディケーン・ラテでした。キャンディケーンとは、アメリカのクリスマスには欠かせないステッキの形をしたミント味のキャンディです。エスプレッソにホワイトチョコレートとペパーミントシロップ入りのスチームミルクを注ぎ、ホイップクリームをのせてキャンディケーンを添えたもの。クリスマス気分が盛り上がるリッチなラテです。

コーヒー文化の立役者

自由な空気感漂う西海岸で誕生したカフェチェーンは、手軽に飲めるコーヒーの質をグンと上げ、書店の中にコーヒーショップが併設されている風景を当たり前のものにしました。日常生活を豊かにするコーヒー文化を育んだ立役者です。

アメリカ菓子とドリンクのレシピ
カテゴリー別INDEX

クッキー&バー

ホリデーシーズンのジンジャーブレッド……20

クリスマスクッキー交換パーティのクッキー（サムプリントクッキー、ラムボール）……34

牛ふんクッキー……80

チョコレートチップクッキー……108

とろりと濃厚なブラウニー……126

クイックブレッド

ブルーベリーマフィン……56

ポップオーバー……62

サワークリームコーヒーケーキ……68

ビスケット・アンド・グレイヴィー……98

オートミールスコーン……102

ケーキ&チーズケーキ

ホリデーシーズンのフルーツケーキ……14

バニラパウンドケーキ……114

ココナッツレイヤーケーキ……120

チョコレートチーズケーキ……152

パイ

感謝祭のパンプキンパイ……26

バナナクリームパイ……142

レモンメレンゲパイ……146

プディング＆ムース

日曜日のバナナプディング……40
チョコレートムース……86

揚げ菓子

ファンネルケーキ……46
アップルサイダードーナッツ……136

果物のデザート

ストロベリーショートケーキ……74
ピーチコブラー……158

ドリンク

ルートビアフロート……168
ホットアップルサイダー……172
エッグノッグ……178
スイートティー……184

本書に登場するミステリー一覧

コージーブックス　原書房

〈コクと深みの名推理〉シリーズ
クレオ・コイル著、小川敏子訳
→ 聖夜の罪はカラメル・ラテ

〈ドーナツ事件簿〉シリーズ
ジェシカ・ベック著、山本やよい訳
→ 誘拐されたドーナツレシピ

〈大統領の料理人〉シリーズ
ジュリー・ハイジー著、赤尾秀子訳
→ 厨房のちいさな名探偵
→ 絶品チキンを封印せよ

〈お茶と探偵〉シリーズ
ローラ・チャイルズ著、東野さやか訳
→ スイート・ティーは花嫁の復讐

創元推理文庫　東京創元社

〈黒後家蜘蛛の会〉シリーズ
アイザック・アシモフ著、池央耿訳
→ 黒後家蜘蛛の会5　秘伝

〈家事アドバイザーの事件簿〉シリーズ
クリスタ・デイヴィス著、島村浩子訳
→ 感謝祭は邪魔だらけ

〈海の上のカムデン〉騒動記シリーズ
コリン・ホルト・ソーヤー著、中村有希訳
→ メリー殺しマス

〈ワニ町〉シリーズ ジャナ・デリオン著、島村浩子訳	ワニの町へ来たスパイ
	ミスコン女王が殺された
	幸運には逆らうな
〈セーラ・ケリング〉シリーズ シャーロット・マクラウド著、戸田早紀訳	浮かんだ男
〈シャンディ教授〉シリーズ シャーロット・マクラウド著、髙田惠子訳	にぎやかな眠り
	蹄鉄ころんだ
〈主婦探偵ジェーン〉シリーズ ジル・チャーチル著、新谷寿美香訳	カオスの商人
〈ルーシー・ストーン〉シリーズ レスリー・メイヤー著、髙田惠子訳	メールオーダーはできません
	トウシューズはピンクだけ
	バレンタインは雪あそび
	史上最悪のクリスマスクッキー交換会
	感謝祭の勇敢な七面鳥

ハヤカワ・ミステリ文庫　早川書房

〈シャム猫ココ〉シリーズ
リリアン・J・ブラウン著、羽田詩津子訳

- 猫はスイッチを入れる
- 猫はシェイクスピアを知っている

クレイグ・ライス著、羽田詩津子訳

- スイート・ホーム殺人事件

mirabooks　ハーパーコリンズ・ジャパン

〈お菓子探偵〉シリーズ
ジョアン・フルーク著、上條ひろみ訳

- バナナクリーム・パイが覚えていた
- ココナッツ・レイヤーケーキはまどろむ

参考文献

- Andrew F. Smith 編『The Oxford Companion to American Food and Drink』（Oxford University Press,2009）PP136-137, PP247-248, PP582-583
- Fannie Merrit Farmer 著『The Original Boston Cooking School Cook Book』（Weathervane Books,1986）P395
- James Beard著『James Beard's American Cookery』（Little, Brown and Company,1980）P795
- King Arthur Baking Company 著『The King Arthur Flour Baker's Companion』（Countryman Press,2012）P377
- 原亜樹子著『アメリカ菓子図鑑』（誠文堂新光社）P55, P82, P99
- 原亜樹子著『アメリカンクッキー』（誠文堂新光社）PP44-45

〈ウェブサイト〉
- Collin Street Bakery. "Johnny Carson's Infamous Fruitcake Joke" <https://collinstreet.com/blogs/stories/johnny-carsons-infamous-fruitcake-joke>（参照2024-09-10）

Acknowledgments
おわりに

　コージーミステリ専門の文庫レーベル「コージーブックス」をもつ原書房より、アメリカの菓子とコージーミステリの本を出版するという、ひとつ大きな夢が叶い、幸せに思っています。

　本書の出版に際しては、版元である原書房以外の作品も多数取り上げたいという無茶な要望を快諾してくださった原書房の相原結城さんに、まず心より御礼申し上げます。

　そして、本書は、取り上げた各作品の版元各位からの書影使用や引用の許可なくしては実現しませんでした。ご許可いただいた各出版社の皆さまに、心より御礼申し上げます。

　説明に奔走してくださった（それどころか企画から出版までのすべてを支えていただいた）本村のり子さん、デザイナーの和田悠里さん、校正の方、印刷会社の皆さまはじめ、多くの方のお力で形にすることができました。

　この場を借りて心より御礼申し上げます。

　また、この本を手に取ってくださった読者の皆さまに、最大限の感謝を申し上げます。

アメリカのミステリに食べ物はつきものです。

　ハードボイルドにしてもコージーにしても、ストーリーはもちろん食も魅力的なミステリは山ほどあります。

　手を広げすぎると収拾がつかなくなるのは目に見えていましたが、かといってひとつの作品にしぼるのはどうなのだろう。

　悩みに悩んで、「アメリカのコージーミステリ」に「よく登場する」「アメリカの伝統的な菓子」というのを基準にして菓子と作品を選びました。

　もともと相当数のミステリを読んできたものの、今回改めて何百冊というミステリを読み込み、菓子とミステリについて書くのは、悩ましくも幸せな経験でした。

　すべての菓子にレシピをつけていますので、ぜひ読んで、作って、食べて、お楽しみいただけたら、これ以上幸せなことはありません。

原 亜樹子

[著者]
原 亜樹子（はら あきこ）

菓子文化研究家。製菓衛生師。アメリカの高校へ留学。東京外国語大学で食をテーマに文化人類学を学んだ後、特許庁へ入庁。後に菓子文化研究家へ転身。『アメリカ菓子図鑑』『アメリカンクッキー』（共に誠文堂新光社）、『アメリカ郷土菓子』（PARCO出版）ほかアメリカの食に関する著書多数。

[Staff]

撮影・スタイリング／原 亜樹子

ブックデザイン／和田悠里

企画編集／本村のり子

アメリカ菓子とミステリ
本のなかの味を楽しむ30のとっておきレシピ

2024年11月21日　第1刷

[著者]
原 亜樹子

[発行者]
成瀬雅人

[発行所]
株式会社原書房
〒160-0022 東京都新宿区新宿1-25-13
電話・代表　03(3354)0685
http://www.harashobo.co.jp/
振替・00150-6-151594

[印刷]
シナノ印刷株式会社

[製本]
東京美術紙工協業組合

© Akiko Hara 2024
ISBN 978-4-562-07477-8 Printed in Japan